dialogverlag Münster

Markus Nolte (Hrsg.)

Die sieben Werke
der Barmherzigkeit

... das habt ihr mir getan

Betrachtet
Erklärt
Gelebt

Bibliografische Information Der Deutschen Bibliothek
Die Deutsche Bibliothek verzeichnet diese Publikation in der Deutschen Nationalbibliografie; detaillierte bibliografische Daten sind im Internet über http://dnb.ddb.de abrufbar.

ISBN 978-3-937961-49-1
1. Auflage 2007

Konzeption und Gestaltung: Markus Nolte
Gesamtherstellung: **dialog**verlag Münster

Die in diesem Buch veröffentlichten Darstellungen der Sieben Werke der Barmherzigkeit stammen von Glasfenstern in der katholischen Klinikenkirche der Universitäts-Kliniken Münster. Sie wurden Anfang der 1950er Jahre von der Benediktinerin Schwester Erentrud Trost (1923-2004), Abtei Varensell, geschaffen.

Inhalt

Die Werke der Barmherzigkeit

Wenn der Menschensohn in seiner Herrlichkeit kommt und alle Engel mit ihm, dann wird er sich auf den Thron seiner Herrlichkeit setzen. Und alle Völker werden vor ihm zusammengerufen werden, und er wird sie voneinander scheiden, wie der Hirt die Schafe von den Böcken scheidet. Er wird die Schafe zu seiner Rechten versammeln, die Böcke aber zur Linken. Dann wird der König denen auf der rechten Seite sagen: Kommt her, die ihr von meinem Vater gesegnet seid, nehmt das Reich in Besitz, das seit der Erschaffung der Welt für euch bestimmt ist.
Denn ich war hungrig, und ihr habt mir zu essen gegeben;
ich war durstig, und ihr habt mir zu trinken gegeben;
ich war fremd und obdachlos, und ihr habt mich aufgenommen;
ich war nackt, und ihr habt mir Kleidung gegeben;
ich war krank, und ihr habt mich besucht;
ich war im Gefängnis, und ihr seid zu mir gekommen.
Dann werden ihm die Gerechten antworten: Herr, wann haben wir dich hungrig gesehen und dir zu essen gegeben oder durstig und dir zu trinken gegeben? Und wann haben wir dich fremd und obdachlos gesehen und aufgenommen oder nackt und dir Kleidung gegeben? Und wann haben wir dich krank oder im Gefängnis gesehen und sind zu dir gekommen?
Darauf wird der König ihnen antworten: Amen, ich sage euch:
Was ihr für einen meiner geringsten Brüder getan habt, das habt ihr mir getan.

Dann wird er sich auch an die auf der linken Seite wenden und zu ihnen sagen: Weg von mir, ihr Verfluchten, in das ewige Feuer, das für den Teufel und seine Engel bestimmt ist! Denn ich war hungrig, und ihr habt mir nichts zu essen gegeben; ich war durstig, und ihr habt mir nichts zu trinken gegeben; ich war fremd und obdachlos, und ihr habt mich nicht aufgenommen; ich war nackt, und ihr habt mir keine Kleidung gegeben; ich war krank und im Gefängnis, und ihr habt mich nicht besucht. Dann werden auch sie antworten: Herr, wann haben wir dich hungrig oder durstig oder obdachlos oder nackt oder krank oder im Gefängnis gesehen und haben dir nicht geholfen? Darauf wird er ihnen antworten: Amen, ich sage euch: Was ihr für einen dieser Geringsten nicht getan habt, das habt ihr auch mir nicht getan. Und sie werden weggehen und die ewige Strafe erhalten, die Gerechten aber das ewige Leben.

Matthäus 25, 31-46

Einführung

An Gottes Barmherzigkeit nie verzweifeln
Benediktsregel 4,74

Barmherzigkeit ist ein großes Wort, ein Visionen-Wort, ein Wunsch, der nach heiler Welt klingt, nach dem Elysium, in dem alle Menschen Brüder und alle gut sind. – Schön! Aber das ist weit weg. Ernüchterung liegt viel näher. Angesichts der Schwäche und Trägheit des Menschen erscheint Barmherzigkeit eher als Träumerei. Oder besser: als ein Traum, geeignet, mutlos zu werden, denn die Welt sieht anders aus: Unbarmherzigkeit scheint die stärkere Wirklichkeit zu sein. – Dennoch beschäftigt sich dieses Buch mit den »Sieben Werken der Barmherzigkeit«. Warum? Nun, der Ursprung dieser »Werke« lässt keinen Zweifel aufkommen: Barmherzigkeit ist das Entscheidende. Wortwörtlich.

Der biblische Ursprung

Die »Werke der Barmherzigkeit« sind grundgelegt in einem der letzten Kapitel des Matthäus-Evangeliums, in der so genannten »Gerichtsrede« Jesu (siehe vorige Seite), die er im doppelten Sinn des Wortes auf dem Höhepunkt seines Lebens hält: Er war durch Galiläa gewandert, jene wunderschöne, sanft-hügelige Landschaft am See Gennesaret, der einen der tiefst gelegenen Punkte der Erde markiert – weit unter dem Meeresspiegel. Dort, in der Tiefe und Weite, hatte Jesus gewirkt, tief und weit, hatte Zeichen getan, hatte die »Bergpredigt« gehalten, Gleichnisse erzählt, Menschen geheilt. Und dann war er nach Jerusalem hinaufgezogen, hoch auf den Berg. Dort, es heißt auf dem Ölberg, kurz bevor er am Kreuz »erhöht« sein würde (Joh 12,32), hielt er seine Rede vom Weltgericht.

Sie beginnt mit einem großen Szenario, »wenn der Menschensohn in seiner Herrlichkeit kommt und alle Engel mit ihm, und er sich auf den Thron seiner Herrlichkeit setzt, alle Völker zusammengerufen werden und er sie voneinander scheiden wird wie der Hirt die Schafe von den Böcken scheidet«. Ein Blick in das Ende der Welt. Die *End*-Scheidung: Die Guten nach rechts, die Bösen nach links.

Klingt das nicht eher nach Drohbotschaft denn nach Frohbotschaft? In der Tat wurde diese Evangelienstelle immer wieder dafür missbraucht, Angst zu machen, Schrecken zu verbreiten, die einen zu verurteilen und den anderen wunderbare Belohnung in Aussicht zu stellen. Da wurde schnell darüber hinweggesehen, dass kein Mensch solcherlei Urteile zu sprechen und schon gar nicht Lohn zu versprechen hat – sondern allein Jesus Christus, »der Menschensohn«, wie er hier auch heißt. Doch Matthäus verwendet in diesem Textabschnitt nicht ohne Grund weitere Titulaturen für Jesus: das Bild vom Hirten (Vers 32) und vom König (Vers 40). Wie er jetzt der König ist, der über die Völker der Welt richtet, so war er auch der milde König, der wehrlos auf einem Esel in Jerusalem einzog (Mt 21,5). Wie er als Völkerhirt die Völker scheidet, so hat er als guter Hirt Erbarmen mit den Menschen, die ihm vorkommen wie »Schafe ohne Hirte« (Mt 9,36). Das bleibt gültig, auch beim »Weltgericht«.

Interessanterweise ist in diesem Bibeltext, obwohl die »Werke der Barmherzigkeit« auf sie zurückgehen, an keiner Stelle explizit von »Barmherzigkeit« die Rede. Und doch ist die Barmherzigkeitsforderung im Matthäus-Evangelium grundlegend. Gleich zwei Mal zitiert Jesus dasselbe Gotteswort aus dem alttestamentlichen Buch des Propheten Hosea: »Barmherzigkeit will ich, nicht Opfer« (Hos 6,6); in beiden Fällen angesichts menschlicher Engstirnigkeit und Verhärtung: als ihm vorgeworfen wird, mit Zöllnern zu essen (Mt 9,13) und als er entgegen jüdischer Vorschrift am Sabbat Ähren abreißt (Mt 12,7). Nicht zu vergessen die Seligpreisungen der Bergpredigt: Wenn sie den Barmherzigen Barmherzigkeit zusagt (Mt 5,7), ist das durchaus ein Kommentar zum ersten Teil der Weltgerichts-Rede.

Was ist Barmherzigkeit?

Barmherzigkeit ist gleichwohl mehr als die noch so treue Erfüllung einer Christenpflicht. Barmherzigkeit ist vor allem anderen die sichtbare Ausprägung der Liebe Gottes, wie das der Theologe Elmar Salmann formuliert: »Barmherzigkeit ist freie und freigebige, nicht geschuldete, liebend-vergebende Hinwendung Gottes zum Geschöpf.« Er spricht von Gottes »Geneigtheit und wirkmächtiger Zugewandtheit für den, der diese nicht verdient«. Kurzum: Es geht um Gott, wenn von Barmherzigkeit die Rede ist.

Wer also barmherzig ist, indem er – wie das Matthäus-Evangelium beispielhaft aufführt – Hungrigen zu essen und Durstigen zu trinken gibt, Fremde beherbergt, Nackte bekleidet, Kranke und Gefangene besucht, der tut nicht einfach ein gutes Werk, wie es sich gehört; der stellt auch nicht einfach gesellschaftliche Gerechtigkeit her, sondern: Da scheint Gott durch. Nichts anderes ist damit gesagt, wenn Jesus sich selber mit jenen gleichsetzt, denen solche Werke der Barmherzigkeit widerfahren. Es geht eben nicht simpel und einfach darum, dass »Gott sich freut«, wenn ein Mensch dem anderen Gutes tut. Es ist viel gewaltiger: Da *ist* Gott! Weil da Liebe ist. Entsprechend mag vordergründig das Tun, das Werk der Barmherzigkeit wichtig sein. Das Entscheidende aber ist etwas anderes: das Leben aus einer Grundhaltung, die mit Gott in dieser Welt rechnet. Genau das meint das alte Wort »Gottesfurcht«: mit und aus dem beinahe unglaublichen Glauben zu leben, dass in dieser Welt Gott existiert – trotz allem. Wo ein Mensch einen der Barmherzigkeit bedürfenden, einen »erbärmlichen«, »erbarmungs-würdigen(!)« Menschen als solchen wahrnimmt, scheint Gott durch. Noch einmal: nicht erst durch die Tat!

Sondern vielmehr darin, dass auch der Barmherzige im Notleidenden erkennt, wie sehr er selber auf Erbarmen angewiesen ist: Ich bin ein Mensch, der von einem anderen sein Leben hat, von Gott; ein Mensch, dessen Leben von anderem her seinen Sinn hat, von Gottes Liebe. Wie jeder Mensch. Darum ist Barmherzigkeit mehr als Gerechtigkeit. Sie ist die sichtbare Ausprägung der Liebe Gottes.

Das ist der große Ernst und Anspruch des Christlichen. Darum geht es – allemal im Gericht. »Wird uns da nicht doch wieder Angst gemacht?«, fragte Papst Benedikt XVI. bei seinem Besuch 2006 in Regensburg angesichts dieses Wortes »Gericht«. Und er führte aus: »Aber wollen wir nicht alle, dass einmal all den ungerecht Verurteilten, all denen, die ein Leben lang gelitten haben und aus einem Leben voller Leid und Tod gehen mussten, Gerechtigkeit widerfährt? Wollen wir nicht, dass am Ende das Übermaß an Unrecht und Leid, das wir in der Geschichte sehen, sich auflöst; dass alle am Ende froh werden können, dass das Ganze Sinn erhält? Diese Herstellung des Rechts, diese Zusammenfügung der scheinbar sinnlosen Fragmentstücke der Geschichte in ein Ganzes hinein, in dem die Wahrheit und die Liebe reagieren: Das ist mit dem Weltgericht gemeint. Der Glaube will uns nicht Angst machen, wohl aber zur Verantwortung rufen.«

Über dieses Buch

Dabei möchte dieses Buch helfen. Die Idee dazu ist in der Redaktion von »Kirche+Leben«, der Wochenzeitung im Bistum Münster, entstanden. Dort wurden alle Beiträge erstmals in der Fastenzeit 2007 veröffentlicht. Jedem der sieben Werke der Barmherzigkeit ist ein Kapitel gewidmet. Jeweils am Anfang steht das Verb, das »Tu-Wort« des jeweiligen Werkes, das zu einer großformatigen Fotografie in Spannung gesetzt wird. Wort und Bild stehen für sich. Lassen Sie beides auf sich wirken, und meditieren Sie Wort und Bild zunächst je für sich, bevor Sie umblättern und lesen, wie Pfarrer Ulrich Zurkuhlen diese »Tu-Worte« *betrachtet*. Im zweiten Schritt wird der bibel-theologische und spirituelle Hintergrund des jeweiligen Werks von kompetenten Theologen leicht verständlich *erklärt*. Im dritten Teil schließlich haben sich Kaplan Jan Magunski und Gemeindemitglieder aus der Pfarrei St. Viktor in Xanten Gedanken darüber gemacht, wie eine Auseinandersetzung mit dem jeweiligen Barmherzigkeits-Werk mit Kindern und mit Erwachsenen aussehen und wie es *gelebt* werden kann.

Die Österliche Bußzeit als Zeit der Umkehr ist wunderbar geeignet, eine neue Hinwendung einzuüben, eine neue Zuneigung zu jenem Gott, dessen »Geneigtheit und wirkmächtige Zugewandtheit für den, der diese nicht verdient« (E. Salmann), in der Barmherzigkeit aufgeht. Wäre sie nicht zudem *die* Stilform des Christlichen, derer unsere Zeit so sehr bedarf?

Markus Nolte

speisen

I betrachtet

speisen

Ein Messer, eine Gabel, ein Löffel! Und ich denke an den kleinen Jungen in unserem Kindergarten, der jeden Tag fröhlich das Lied mitsang: »Segne, Vater, diese Gaben!« und der schließlich die Kindergärtnerin fragte, warum denn nur die »Gabeln« von Gott gesegnet werden sollten; er hatte statt »Gaben« »Gabeln« verstanden.

Der Betrachter unseres Bildes wird allerdings eine andere Frage stellen: Ist da jemand so satt, dass er die Geräte, die er zum Essen braucht, abgelegt hat, oder wartet da einer sehnsüchtig auf etwas Essbares? Außer den Ess-Geräten steht nämlich nichts auf dem Tisch, und so kann man bildhaft an alle diejenigen Menschen in der Welt erinnern, die nur leere Geräte – vielleicht nur eine selbstgemachte Holzschüssel – haben und sonst nichts; die Mehrheit der Menschen ist in dieser verzweifelten Situation. Aber unser Bild-Besteck ist von einer anderen Qualität als eine hölzerne Schüssel; es weist nach Material und Glanz eher auf ein Festmahl hin. Essen kann man schließlich ganz ohne Besteck, und viele tun es auch, aber nicht in den Armutsgebieten der Erde, sondern in den einschlägigen Fastfood- Restaurants, wo man ohne Besteck, also nur mit den Fingern, isst. Eine Frau, die kürzlich zum ersten Mal mit ihren Enkeln in einem solchen bekannten Restaurant war, bat ganz schockiert ihren Enkel, doch bitte das Ess-Besteck zu holen; aber das gab es dort nicht, und so musste auch die Oma zum ersten Mal seit sechzig Jahren wieder mit den Fingern essen.

An der ersten Stelle der sieben Werke der Barmherigkeit steht »Hungrige speisen«, und ich frage mich erstaunt, warum hier von »speisen« die Rede ist und nicht davon, was näher liegen würde, Hungrigen »zu essen« zu geben. So übersetzt es die deutsche Einheitsübersetzung, die im 25. Kapitel des

Matthäus-Evangeliums vom großen Weltgericht erzählt, bei dem Jesus die guten Menschen lobt, weil sie »ihm zu essen gegeben« haben, indem sie den Hungrigen zu essen gaben. Das Jesus-Wort ist schlüssig: Die vielen Menschen heute, die sich um die Hungrigen der Welt sorgen und zum Beispiel durch ihr Geldopfer, aber auch durch ihr caritatives Engagement zur Speisung der Hungernden beitragen, stehen Jesus sehr nahe; da wird sein Gottesreich mitten in unserer oft sehr gottfernen Welt schon ganz konkret; da bekommt es Konturen.

Aber »speisen«? Das griechische Wort »phagein« meint mehr als nur Nahrungsaufnahme, wobei der griechische Begriff ähnlich wie im Deutschen doppeldeutig zu verstehen ist: jemanden speisen, also jemandem Nahrung geben; und: Nahrung zu sich nehmen, ohne dass es einem unbedingt von einem anderen gegeben wird. Und etwas Feierliches ist auch dabei: Mahl halten und speisen, das ist mehr als nur essen!

Unsere Medien-Wahrnehmung erlebt ja beides: Fünf-Sterne-Köche präsentieren uns, einzeln oder im Kollektiv, aber jedenfalls auf allen Kanälen des öffentlichen wie des privaten Fernsehens, Leckerbissen, die wir manchmal nicht einmal dem Namen nach kennen; sind wir, die wir keine Hummerschwänze in Rotwein-Aspik und keinen gehobelten schwarzen Trüffel essen, schon auf der Schattenseite der kulinarischen Kultur? Andererseits: Diäten und andere Maßnahmen gegen Fettleibigkeit sind ebenso gefragt wie die TV-Delikatessen. Irgendwo schwanken wir alle zwischen dem Zuviel und Zuwenig, und das gilt nicht nur für das Speisen.

So geht es also auch Jesus: Einerseits verlangt er, dass die Hungrigen gespeist werden; andererseits: Das Sustantiv »phágos« wird im elften Matthäus-Kapitel als Schimpfwort gebraucht; die Bibel übersetzt: »Er ist ein Fresser.« Warum wohl? Weil er mit den gesellschaftlich Geächteten Mahl hält, also speist! Wenn selbst Jesus so missverstanden und zum Objekt öffentlicher Kritik wird, ist wohl zu bedenken, dass die Grenze zwischen »speisen« und »fressen« sehr klein sein kann. Bei der Einschätzung Jesu ist dieser Verdacht pure Bösartigkeit, aber vielleicht ist es gar nicht so abwegig, manche öffentlich Speisenden für Fresser zu halten.

Vielleicht bedeutet das erste »Werk der Barmherzigkeit« dennoch, dass es nicht nur darauf ankommt, den Hungernden ein bisschen mehr oder auch weniger genießbare Nahrung zuzustecken; sondern dazu gehört auch, dass das »Speisen« der Hungrigen auch mit dem Fest zu tun haben muss. Das Festmahl aber hat immer mit Gemeinschaft und Zusammengehörigkeit zu tun; auch das ist wohl beim Speisen der Hungrigen gemeint.

In Kenia sagt man: »Wenn viele Kinder gleichzeitig essen, wird der Brei nicht kalt!« – Wohl auch deswegen, weil das gemeinsame Essen ein Fest ist, ob mit oder ohne Ess-Besteck.

I

erklärt

Von Jan Loffeld

» Hungrige speisen

Hunger ist ein differenziertes Phänomen. Für wen ist Hunger denn hierzulande noch eine existenzielle Bedrohung? Wir kämpfen doch eher gegen Fehl- oder Überernährung als dass jemand ernsthaft verhungern würde. Außer man hungert freiwillig aus Gründen der Körperästhetik oder – wie beim Heilfasten – um des körperlich-seelischen Gleichgewichts willen. Und doch: Diskussionen um eine vermeintliche »Unterschicht« oder um die »neue Armut« geben der Frage nach unstillbarem körperlichem Hunger neue Nahrung. Auch im scheinbar zivilisierten 21. Jahrhundert gibt es Menschen ohne tägliche Mahlzeit, die Nachfrage in Suppenküchen und Obdachlosenheimen zeugt davon. Für die Weltpolitik und die großen Hilfswerke wird die Frage nach Hunger und Wasserversorgung zweifellos ein Dauerbrenner bleiben: Bis heute konfrontieren uns Bilder und Nachrichten auf drastische Weise damit, wie sehr regelmäßige und nahrhafte Mahlzeiten im Weltvergleich noch eher eine Ausnahme als die wünschenswerte Regel darstellen.

Andere Hungersnöte sind versteckter. Sie drängen sich nicht auf, sind heutzutage manchmal allerdings stärker wahrnehmbar als noch zu Zeiten einer volkskirchlich-religiösen Rundumversorgung. Es ist der Hunger nach glücklichem Leben, nach dem, was sich modern »Lebensqualität« nennt. Was der Einzelne damit verbindet, ist so vielschichtig, dass es unsere gesamte gesellschaftliche Lebenswirklichkeit widerspiegelt. Was für den einen sorgloses finanzielles Auskommen bedeuten würde, tut ein anderer nur als die schon sprichwörtlichen »Peanuts« ab. Was für eine mehrköpfige Familie als Traumurlaub in weiten Fernen liegt, leisten sich andere mal eben so zwischendurch. Dahinter steht eine vermutlich immer ähnliche Sehnsucht: dem Leben, so wie ich es vorfinde, eine unverwechselbare Gestalt und damit Einzigartigkeit zu verleihen. Ihm Wert und, wenn ich so will, wirkliche und konkurrenzfähige »Qualität« zu geben. Man lebt ja nur einmal und ist nur einmal jung. Mitunter kann sich jedoch der Eindruck aufdrängen, dass die Frage nach Lebensqualität nichts anderes ist als eine modernere

Spielart der Jahrtausende alten Suche nach Sinn und Glück. Die Antworten darauf zeigen bisweilen unterschiedlichste Lebensentwürfe, deren Glückswert und Sinnhaftigkeit auf vielfältigste Weise und unter Aufbringung aller nur möglichen Erlebnis- und Lebensmittel produziert wird. Nicht von ungefähr existieren in der westlichen Welt seit einigen Jahren vermehrt Institute für Glücksforschung, die sich hauptsächlich mit der Frage nach dem Einfluss kultureller, religiöser, ökonomischer und sozialer Verhältnisse auf das persönliche Glücksempfinden heutiger Weltbürger befassen. Diese Erhebungen aus 68 Ländern finden sich dann gebündelt in einer Art Weltglücksdatenbank, der »World Database of Happyness« an der Rotterdamer Erasmus-Universität.[1] Der moderne Mensch ernährt sich in Glückssachen und Sinnfragen also häufig selber. Manchmal sogar mit Fastfood.

Haben etwa die Lebensperspektiven, die es unter anderem in den großen Religionen der Menschheit schon gibt, ausgedient? Sind sie stumpf, für viele also nichts sagend geworden?

Eine Situation, in der Jesus den Hunger zugleich als körperliches und seelisches Phänomen wahrnimmt, ist die Erzählung von der Brotvermehrung. Auffallenderweise findet sie sich in allen vier Evangelien. Mit ihr scheint sich ein wesentliches Anliegen der Botschaft Jesu zu vermitteln.

Wenn ich die Texte der Brotvermehrung oder der Bergpredigt im Gottesdienst höre oder über sie sprechen soll, erinnere ich mich gerne an eine Messfeier während des Studiums im Collegium Borromaeum in Münster. Der Priester begann seine Einführung mit der provozierenden Frage:

»Haben Sie, liebe Schwestern und Brüder, Hunger mitgebracht?« Damit kann er nicht den körperlichen Hunger gemeint haben. Wenn man irgendwo keinen Hunger leidet, dann gewiss in kirchlichen Häusern. Er meinte einen anderen Hunger, vielleicht den Sinnhunger, bestimmt aber die tiefe Sehnsucht nach Gott und dem Kosten seiner Nähe. Das ist in der Tat eine Provokation: Sollten denn diejenigen, die als Theologen und angehende Priester Tag für Tag mit Gott betend und wissenschaftlich umgehen, noch Hunger nach ihm verspüren?

Immer wieder, insbesondere in Situationen unerklärbaren Leides merke ich, wie wenig ich Gott für mich und andere Menschen »in der Tasche« habe, um ihn womöglich mittels eines Taschenspielertricks hervorholen zu können. Dann bleibt nur die Sehnsucht nach einer Antwort, so etwas wie ein leibhaftig spürbarer Hunger nach einer sinnvollen Erklärung, die Gott auch in allem Widerspruch noch glaubwürdig bleiben lässt. Hier ist der Hunger nach Sinn und nach einer Antwort, die nicht als Füllsel einer unaushaltbaren Sprachlosigkeit fungiert, mit Händen zu greifen. Da erscheinen alle anderen menschlichen Sinn- und Glücksproduktionen sinnlos. Fastfoodprodukte sättigen spätestens hier nicht mehr.

Wie aber die Brücke schlagen in eine wirklich Sinn stiftende Beziehung zu dem, der auch dem Tod noch Sinn verleiht? Das geht nur mit seiner Hilfe, der noch im eigenen qualvollen und ungerechten Sterben einen Sinn sehen konnte. Die Situation des »Sinnanbieters Christentum« führt in die Erfahrung, dass nicht alle Menschen immer und zu allen Zeiten den gleichen Hunger nach Gott als Lebenssinn verspüren, wie er etwa in einer extremen Lebens- oder Leidenssituation aufkommen kann.

Tröstlich finde ich da die Erfahrung Jesu nach der Brotvermehrung. Viele der Gesättigten wollten ihn zu ihrem Brotkönig machen. Sie waren von seinen Broten satt geworden und dachten daraufhin einfach nur menschlich weiter: »Wenn wir den in eine entscheidende Position hinein heben, haben wir materiell ausgesorgt.« Jesus kontert: »Ihr sucht mich nicht, weil ihr Zeichen gesehen habt, sondern weil ihr von den Broten gegessen habt und satt geworden seid« (Joh 6,26). Also: Ihr habt kein wirkliches Interesse an mir, sondern nur an dem, was ich materiell für euch tun kann. Vordergründig waren während der Brotvermehrung (Joh 6,1-15 par) alle satt geworden. Es hatten allerdings nicht alle erkannt, dass Jesus noch einen weitaus größeren als den körperlichen Hunger stillen wollte. In der anschließenden Brotrede bietet er sich selbst an als die Speise, nach deren Genuss man keine andere geistige Nahrung mehr benötigt, weil sie den eigentlichen Seelenhunger des Menschen zu stillen vermag: »Ich bin das Brot des Lebens, wer zu mir kommt, wird nie mehr hungern, und wer an mich glaubt, wird nie mehr Durst haben« (Joh 6,35).

Auch der Glücks- und Sinnhunger ist ein differenziertes Phänomen. Manche möchten ihn ganz tief mit Jesus stillen, andere wiederum nur bei bestimmten Lebensereignissen, und viele brauchen Jesus dazu überhaupt nicht. Offenbar damals wie heute.

Während einer Hochzeitsfeier vor einiger Zeit sagte mir ein Redakteur des »Spiegel« fast vorwurfsvoll: »Die Luft ist heutzutage voll von Spiritualität, und Ihr Kirchenleute wisst sie nicht zu binden.« Ähnlich formuliert es Wolfram Weimer, der Gründer des politischen Magazins »Cicero«: »Im religiösen Werkzeugkasten des modernen Menschen liegen jede Menge spiritueller Zangen und Hammer.«[2] Solche »Fremdprophetien« machen nachdenklich. Denn inwieweit ist auch meine seelsorgliche Arbeit wirklich von dem Gedanken beseelt, dass wir den Glauben der Christen unserer Welt und Zeit geradezu schuldig sind?

Ich bin überzeugt, dass die Frage nach der Identität der Kirche sich nicht allein in fraglos notwendigen Strukturreformen erschöpfen darf. Gewiss wird sie sich weit mehr daran entscheiden, inwieweit wir fähig und willens sind, wirkliche, glaubwürdige und ernsthafte Akzente zu setzen, die unsere reichen Inhalte, Zeichenhandlungen und Traditionen von Spiritualität auf dem Markt der religiösen Sinnanbieter attraktiv machen und sie überdies wirklichkeitsnah, weil sinnvoll erscheinen lassen: Inhalte, die so unverkürzt gekannt, geliebt und geglaubt werden, dass sie imstande sind, die ganze Schönheit und Fülle des Christseins auszustrahlen; dazu tragfähige Zeichenhandlungen und Traditionen, die freilich in einem neuen und womöglich aufwändigen Kommunikationsprozess in die moderne Wirklichkeit hinein entfaltet werden müssen, um nicht als bloße Oberfläche oder leerer Ritus in Verwechselbarkeit zu verkommen.

Die Evangelisten Matthäus, Markus und Lukas überliefern während des Berichts der Brotvermehrung unisono, wie Jesus die besorgten Apostel vor dem eigentlichen Wunder auffordert: »Gebt ihr ihnen zu essen!« (Mt 14,16 par). Ebendies empfinde ich als einen der drängendsten Aufträge der Kirche unserer Tage: Den geistlichen Hunger heutiger Menschen zu stillen, indem sie sich ihre universale Sendung nicht durch die unterschiedlichen Konzepte der Glücksproduktion oder Sinnsättigung ausreden lässt und selber tief in der Überzeugung verwurzelt bleibt, deren Wortlaut uns – kurz nach der Brotrede – von Petrus überliefert ist: »Herr, zu wem sollen wir gehen? Du hast Worte des ewigen Lebens« (Joh 6,68). Weil niemand den tiefsten Hunger sinnvoller stillt als Gott.

1 vgl. Holger Finze-Michaelsen: Das andere Glück. Die Seligpreisungen Jesu in der Bergpredigt. Bonn 2006. S. 12.
2 Wolfram Weimer: Credo. Warum die Rückkehr der Religion gut ist. München 2006. S. 53.

Im Auftrag des Herrn

Es ist schon bewundernswert, mit welchem Eifer Sie an jedem Morgen in den Unterricht gehen!« Die erfahrene Lehrerin nickt ihrem jungen Kollegen anerkennend zu: Echt pfiffig, was der sich immer einfallen lässt, um seine Schülerinnen und Schüler zu Beginn einer Unterrichtsreihe zu motivieren. Jens Maybaum grinst. »Danke.« Dann schlüpft er in eine karierte Tweed-Jacke, setzt die Ohrenmütze auf, steckt eine Spielzeug-Pfeife in den Mund und nimmt eine große Lupe in die Hand. »Und – wie sehe ich aus?« Die Kollegin nickt erneut. »Sehr professionell. Wie Sherlock Holmes. Oder ist es eher Nick Knatterton?« Maybaum schüttelt mit dem Kopf. »Nein, nein, es bleibt Jens Maybaum. Aber die Spur mit den Detektiven ist genau richtig!« In diesem Moment klingelt die Pausenglocke. »Na, dann man los!« Der junge Lehrer nimmt seine Tasche, beginnt, den »Kriminaltango« zu summen und marschiert in Richtung Klassenräume.

»Jungs und Mädels, wir haben einen Auftrag«, erklärt der Pädagoge in seinem auffälligen Outfit, nachdem er die Schüler begrüßt hat. »Wir haben einen interessanten Fall.« Die Schülerinnen und Schüler grinsen sich an: Was hat er sich jetzt schon wieder ausgedacht? Maybaum zieht aus seiner Tasche eine Fußspur, die er aus buntem Tonpapier ausgeschnitten und beschriftet hat. »Wie ihr seht – es gibt schon eine wichtige Spur«, erklärt er. »Aber zuerst sollte ich euch natürlich etwas mehr zu unserem Auftrag sagen.«

»Also«, erklärt der Lehrer, »unser Chef hat es etwa so formuliert: Der Auftrag lautet« – und nun schreibt Maybaum seine Worte auch an die Tafel – »Barmherzigkeit will ich, nicht Opfer!« Zunächst ist alles still. Dann beginnen die Schüler sich zu regen. »Ich glaube, das habe ich schon einmal im Gottesdienst gehört!« – »Was heißt das – Barmherzigkeit?« – »Da steckt ja das Wort ›Herz‹ drin!« – »Hat das etwas mit Erbarmen zu tun?«

»Okay, okay«, sagt Maybaum schließlich. »Ich denke, wir werden erst nach und nach verstehen, was der Auftrag bedeutet und wer der Auftraggeber ist. Aber das macht nichts, wir haben mindestens sieben Unterrichtsstunden dafür Zeit. Also können wir ganz in Ruhe an den Auftrag gehen und jede Spur einzeln verfolgen. So wie diese.« Er klebt die Fußspur mit der Aufschrift ›Hungrige speisen‹ an eine der Seitentafeln.

»Wenn das unser Auftrag ist, dann müssen wir wohl nach Afrika fahren«, meint Luisa. »Ich habe gelesen, dass das Ernährungsproblem da immer noch am größten ist.« Jenny nimmt den Gedanken auf: »Ey, Maybäumchen schlägt für die nächste Klassenfahrt einen Trip nach Afrika vor!«, grinst sie.
»Langsam, langsam«, beschwichtigt der junge Lehrer die Schüler. »Vielleicht reicht fürs Erste auch eine Gedankenreise. Also: Bitte alles anschnallen, es geht los. In meinem letzten Urlaub ...«
Und Maybaum erzählt den Jugendlichen von seinen Erfahrungen in Marokko. Von den bettelnden Kindern, die ihn bei jeder Bustour empfangen haben. »Haben Sie denen denn ordentlich was zugesteckt?«, will Jenny wissen. »Nein«, entgegnet Maybaum. »Was, ist das Lehrergehalt so mickrig?«, hakt Lars nach.
»Nein, das ist es nicht«, sagt der Lehrer. »Aber ihr müsst Folgendes wissen: Ein Landarbeiter verdient in Marokko 20 Dirham am Tag, das sind etwa zwei Euro. Wenn ein Kind sich an einen Reisebus stellt und die Hand aufhält, kann es locker das Zehnfache bekommen. Bei einer einzigen Busladung. Mit dem Ergebnis ... ?«
»Wahrscheinlich wird es von da an nur noch betteln«, überlegt Jonathan. »Absolut richtig«, bestätigt Maybaum. »Es wird nie zur Schule gehen und eine Ausbildung machen. Es wird sich immer auf das Betteln verlassen – und davon abhängig bleiben. Nur werden die Quoten immer schlechter. Denn noch hat es das Privileg der Jugend. Einem Kind gibt man gern etwas, einem in die Jahre gekommenen Mann eher weniger.«
»Also heißt ›Hungrige speisen‹ in vielen Teilen der Welt, dass man Kinder auf die Schule schickt und ihnen eine Ausbildung ermöglicht?«, resümiert Luisa. »Dass man ihnen hilft, damit sie sich eines Tages selbst helfen können?« Maybaum nickt. »So ist es. Indem man ein SOS-Kinderdorf oder eine ähnliche Einrichtung unterstützt. Aber wir sollten nicht vergessen: Das Hungerproblem ist nicht nur auf Afrika beschränkt. Es gibt auch in Deutschland immer mehr Fälle von sozialer Armut und Not.« Er klopft an seine Mütze. »Ein Fall für uns.«
»Aber was können wir denn schon tun? Wir sind ja noch jung und verdienen kein Geld«, sagt Maik.
»Naja, als wir letztens verschlafen haben und ich in der Eile kein Butterbrot mitnehmen konnte, hatte ich auch einen Riesenhunger. Und da hat Jenny mir ihr halbes Brötchen abgegeben«, sagt Luisa. »Das war total super.« Maybaum verbeugt sich vor Jenny und nimmt seine Ohrenmütze ab, unter der es inzwischen gut warm ist. »Ich ziehe den Hut«, sagt er. »Aber im Ernst. In dieser Weise sollten wir nach Wegen suchen, wie ihr euch untereinander und anderen helfen könnt.«
Er zieht drei Kartons aus seiner Tasche. »Ich dachte mir, ich sollte mit gutem Beispiel vorangehen. Das motiviert euch vielleicht. Und da ich immer wieder beobachte, wie einige von euch in der Pause ohne was zu futtern dastehen, stifte ich einen Fundus von Müsliriegeln. Die schließen wir in das Pult ein, und Jonathan als Klassensprecher bekommt den Schlüssel. Wer sein Pausenbrot vergessen hat, meldet sich bei ihm und darf sich bedienen, sollte aber ein andermal etwas ins Pult zurücklegen. Ich gebe zu, das ist nichts Besonderes, aber vielleicht ein kleiner Anfang.« Er grinst. »Und jetzt bin ich mal gespannt, was euch einfällt.«

Anregungen

Die Geschichten um Jens Maybaum und die Klasse 7c bilden den Hintergrund für Anregungen, die österliche Bußzeit in der Familie (mit Kindern), im Familienkreis (mit Erwachsenen) und im Familiengottesdienst zu gestalten. Dazu gibt es Themenvorschläge für Gespräche und kreative Ideen. Die »kleine Galerie« ist zur persönlichen Meditation für Jugendliche und Erwachsene gedacht.

> In der Familie

Zu Beginn der österlichen Bußzeit wird überlegt, worauf die Familie in den nächsten Wochen verzichten kann. Das eingesparte Geld wird jeweils in einem Einmachglas gesammelt (wenn man es in Cent-Stücke wechselt, sehen Kinder, wie ihr Verzicht die Geldmenge konkret wachsen lässt). Am Ende entscheiden alle gemeinsam, wessen Hunger sie mit den Ersparnissen stillen wollen.

> Im Familienkreis

Gesprächsmöglichkeit: Wie gehen wir mit der Not vor unserer Haustür um – mit denen, die betteln und nicht arbeiten können; mit denen, die nicht arbeiten wollen?

> Im Familiengottesdienst

Oft ist es hilfreich, mit einfachen, aber konkreten Zahlen und Beispielen auf die Versorgungslage der Welt aufmerksam zu machen. Etwa so: Die meisten Hungernden leben in Asien (550 Mio.), gefolgt von Afrika (170 Mio.). Vor dem Gottesdienst hat jeder Besucher ein »Schicksalslos« bekommen, auf dem prozentual die verschiedenen Erdteile stehen. Wie ist es dieses Mal – habe ich, so wie bei meiner Geburt, wieder das Glück, als Europäer starten zu dürfen – oder trifft mich dieses Mal die Hungersnot? Ein anderes Beispiel: Wie groß ist der Wert eines Brotes – in Neu Delhi (Arbeitslohn für einen Tag), in Nigeria (Arbeitslohn für drei Stunden), in Deutschland?

Meine kleine Galerie

Mit dem Herzen dabei

Jeder Mensch hat seine eigene Weise, mit neuen Erfahrungen umzugehen und sie zu verarbeiten. Der eine führt Tagebuch und bekommt beim Niederschreiben seiner Eindrücke den nötigen Abstand oder eine bessere Übersicht. Ein Zweiter setzt sich ans Klavier oder ein anderes Instrument und nutzt die Kraft der Musik, um sich mit dem unbekannten Metier auseinander zu setzen. Wieder ein anderer spricht mit Freunden und Bekannten über das fremde Terrain oder die überraschenden Begegnungen, und ein Vierter nimmt Farbe und Pinsel, um die Erfahrungen – Strich für Strich – zu verarbeiten.

Zur Gruppe der Letzteren gehöre auch ich. Immer wieder sind im Laufe meines Lebens kleine und große Bilder auf Papier, Leinwand oder Seide entstanden, die mir geholfen haben, das Leben zu ordnen und den Horizont zu weiten. Auch im Blick auf die sieben Werke der Barmherzigkeit, bei denen es ja um existenzielle Begegnungen geht, habe ich einige Beispiele in »meiner kleinen Galerie«. Diese Bilder möchte ich vorstellen – ohne den Anspruch zu erheben, es handle sich dabei um Kunstwerke. Sie sollen Anregungen sein, sich auf eine etwas andere Art mit den Werken der Barmherzigkeit auseinander zu setzen. Dazu will auch eine Frage beitragen, die meine Entstehungs- oder Hintergrundgeschichte jeweils abschließt.

Ich muss zugeben: Ich bin immer ein wenig neidisch gewesen, wenn meine Klassenkameradin und gute Freundin Sabine in Kindertagen ihr Pausenbrot auspackte. Ihre Tupper-Dose glich stets einer kleinen Schatzkiste. Immer hatte ihre Mutter Sabine die eine oder andere Überraschung zu der Pausenstulle gepackt. Da gab es einen Traubenzucker und eine Praline, einen Riegel Schokolade oder einen Lebkuchen.

An diese Kindheitserinnerungen musste ich denken, als ich unlängst im Münchner Priesterseminar zu Gast war. Dort können Obdachlose während der Öffnungszeiten vorbeikommen und sich ihr Lunchpaket abholen – eine Stulle für die nächste Brotzeit. Die fertig geschmierten Schnitten waren in kleine Plastikbeutel gepackt und mit einem Kräuselband verschnürt, an dem ein Riegel Schokolade oder etwas Ähnliches baumelte. Ich will nicht sagen, dass die Augen der »Kunden« strahlten, als sie sich ihre Ration abholten – aber ich glaube sehr wohl, dass sie diese kleinen Aufmerksamkeiten zu schätzen wussten: nicht nur, *dass* man, sondern *wie* man an sie dachte. Sie wurden versorgt, aber dabei eben nicht nur abgefertigt. Jemand schenkte ihnen Brot – aber nicht nur das: »Der Mensch lebt schließlich nicht nur vom Brot allein.«

Wahrscheinlich sind es wirklich oft nur Kleinigkeiten, die ein Sättigungsmahl von einem Festmahl unterscheiden. Kleine Zeichen und Aufmerksamkeiten, mitunter sogar nur kleine Gesten: Nie vergessen werde ich, wie Franz-Hermann Lürken, langjähriger Direktor des Borromaeums in Münster, die Eucharistie gefeiert hat. Er legte den Leib Christi mit großer Behutsamkeit – ja, fast schon Zärtlichkeit – in die Hände des Kommunizierenden. Das war ein Geheimnis des Glaubens, da wurde etwas greifbar, was ansonsten nicht oder nur schwer zu fassen ist.

Vielleicht zeigt sich auf ähnliche Weise auch der Unterschied zwischen Mitleid und Barmherzigkeit. Natürlich kann man auch aus Mitleid heraus Hungrige speisen, Durstige tränken oder Nackte bekleiden, und das sind alles gute Taten. Aber Barmherzigkeit scheint mir immer noch ein bisschen mehr zu sein, darauf verweisen schon die Wortbestandteile »Erbarmen« und »Herz«. Ich gebe nicht nur Brot, Wasser oder Kleidung, ich gebe ein Stück von meinem Herzen. Zumindest schenke ich »mit Herz«.

Während meiner Jugend habe ich wunderbare Freundinnen erleben dürfen. Barbara, eine von ihnen, hatte viele ähnliche Interessen und Fähigkeiten wie ich selbst. Wenn

wir uns unsere Liebesbriefe schrieben, dann gerieten meist schon die Umschläge zu kleinen Kunstwerken. Jeder versuchte, mit seinen Malereien deutlich zu machen, dass hier ein besonderes Schriftstück unterwegs war, dass hier mit Herz geschrieben wurde – und zwar im wahrsten Sinne des Wortes: Irgendwo auf dem Umschlag hatte der Maler oder die Malerin immer ein Herz versteckt.

Eins dieser Kuverts ist das erste Bild in »meiner kleinen Galerie«. Und es führt zu der ersten Frage:

Für den Tag und die Woche

Was könnte ich in Zukunft bewusster – oder eben: mit Herz – tun? Wo beginnt meine Barmherzigkeit?

tränken

II betrachtet

tränken

»Ich war durstig, und ihr habt (mich) getränkt!« So müsste man eigentlich den griechischen Urtext von Matthäus 25,35 übersetzen. Das Wort »dipsán« ist eine besonders schlimme Art von Durst: nicht nur »Durst haben« ist gemeint, sondern sogar »Durst leiden«, »vor Durst vergehen«; das hat etwas Lebensbedrohliches an sich. Und »potízein« müsste eigentlich auch noch ein wenig differenziert werden: »trinken lassen« oder »mittrinken lassen«; da steckt etwas von Gemeinsamkeit und Anteilgeben drin. Von dem Gast an der Theke kann man schwerlich sagen, dass er »vor Durst vergehe«, auch wenn er sich das manchmal vorredet. Wenn der Wirt seinem Gast ein Getränk gibt, müsste man eigentlich auch ein anderes Wort gebrauchen als das ins Deutsche übersetzte griechische Wort. Da passt schon eher, was mir vor einiger Zeit ein Jugendlicher vom Besuch in der Kneipe erzählte: »Die haben gesoffen wie die Pferde!« Pferde gelten ja als besonders trinkfreudig, und die Tränke auf unserem Bild wartet nur noch auf ihre Gäste: die Pferde!

Die Einheitsübersetzung der Bibel übersetzt: »...und ihr habt mir zu trinken gegeben.« Das ist korrekt, aber vielleicht zu schwach; gemeint ist ja: »Ihr habt mir beim Tränken das Leben gerettet.« Wir brauchen das Wort »tränken« nicht so gern, es ist ein bisschen altväterlich. Es erinnert an »ertränken« oder eben an die »Tränke«: siehe die Pferde!

Aber die Gleichstellung von »speisen« und »tränken« ist bemerkenswert; steht das wirklich auf derselben Stufe? Ärzte fragen ihre Patienten oft, ob sie wohl im Laufe des Tages genug trinken; ein Nierenkranker hat mir aber kürzlich erzählt, sein Arzt frage ihn immer: »Trinken sie wohl zuviel?« Auf das rechte Maß kommt es an, gerade beim Trinken.

Ich habe einmal in einem medizinischen Vortrag gehört, ein erwachsener gesunder Mensch könne fast zwei Monate ohne Essen überleben, aber nur höchstens vier Tage ohne Trinken. Ein kleiner Junge ist kürzlich in Thüringen gestorben, weil er verdurstet ist, als die Mutter einige Tage weg war. Der Mensch besteht eben zu zwei Dritteln aus Wasser. Beim Trinken sind 26 Muskelgruppen beteiligt, außerdem das Schluckzentrum im Hirnstamm und fünf Hirnnervenpaare. Nur wenn dies alles gemeinsam funktioniert, fließt die Flüssigkeit von der Mundhöhle durch Rachen und Speiseröhre in den Magen. Der Mensch schluckt etwa 2000 Mal am Tag! Wie wichtig und unauffüllbar das Trinken ist, kann man daran sehen, dass wir zwar das Wort »satt« in unserer Sprache haben für eine ausreichende Nahrungsaufnahme, aber kein entsprechendes griffiges Wort für gesättigte Flüssigkeitsaufnahme.

Für keinen menschlichen Lebensvorgang gibt es so viele volkstümliche Sprüche und Redensarten wie für das Trinken, oft natürlich im Konsum von Alkohol. »Trink, trink, Brüderlein trink, lass doch die Sorgen zuhaus'!«, singen sie und schunkeln dabei; aber deswegen werden die Sorgen keineswegs geringer, sondern manchmal viel größer, zum Beispiel bei Alkoholikern.

Die Bibel spricht vom Trinken sowohl im wörtlichen Sinn als auch im übertragenen. »Könnt ihr den Kelch trinken, den ich trinken werde?«, fragt Jesus seine ehrgeizigen Jünger und meint damit das Getränk seines Leidens. »Wer da dürstet, der komme zu mir und trinke!«, sagt Jesus im siebten Kapitel des Johannes-Evangeliums und meint damit, dass er, der sich selbst als lebendiges Wasser, also Quellwasser, bezeichnet, die tiefen, lebenswichtigen Sehnsüchte des Menschen stillen will. Paulus vergleicht seine Verkündigung mit dem Vorgang des Tränkens: »Milch habe ich euch zu trinken gegeben«, schreibt er an die Christen in Korinth und will damit sagen, dass er sehr behutsam mit seinen Hörern umgegangen ist, wie eine Mutter, die ihrem Kind nur Milch gibt und keine schwer verdaulichen Speisen.

Jesus wusste nicht nur, dass das Trinken für den Menschen lebensnotwendig ist, sondern auch, dass ein Fest ohne Getränke eine sehr traurige Angelegenheit wird. Deswegen schenkt er den Gästen bei der Hochzeit in Kana gleich sechs Krüge voll Wein, das sind mehr als 700 Liter; ist das nicht ein bisschen viel? In meiner kleinen Kirche zeigen zwölf Kirchenfenster des Künstlers Bodo Schramm Mahl-Szenen aus der Bibel. Zwei Fenster zeigen das Brotwunder Jesu und das Weinwunder Jesu in Kana; beide Szenen sind Symbolgeschichten für den verschwenderisch schenkenden Gott. Diese beiden Fenster sind im Oktogon so angebracht, dass beim Gottesdienst nur die Messdiener neben mir und ich selbst die beiden Fenster sehen. Schließlich müssen wir, also die Messdiener und ich, wissen, dass wir es tagtäglich mit einem überreich schenkenden Gott zu tun haben.

II

erklärt

Von Kurt Weigel

» Durstige tränken

Der Zwölfjährige macht seine Experimente am lebenden Objekt: Vom Baden bringt er eine Qualle mit an Land und legt sie in die Sonne. Ein Zittern geht durch die glibberige Masse – ist es das sterbende Tier oder der Wind? Einige Tage später bekommt er bestätigt, dass es stimmt: 98 Prozent Wasser – was übrig bleibt, ist hauchdünn, wie Transparentpapier. Das war eine Qualle, herausgenommen aus ihrem Element, aus dem Leben gerissen, verdurstet.

»Und was ist der Mensch, dass du seiner gedenkst?« (Ps 8,5).

Unser Körper besteht zu etwa 70 Prozent aus Wasser und benötigt allein für den Stoffwechsel und die Atmung mindestens einen Liter Wasser täglich. Steigen die Temperaturen auf 30 Grad Celsius, brauchen wir wegen des Ausschwitzens täglich sechs bis acht Liter Trinkwasser. Der größte Teil der Erde ist zwar vom Wasser bedeckt, aber nur vier Prozent davon sind Trinkwasser.

Kein Wunder, wenn bei steigendem landwirtschaftlichem und industriellem Bedarf, bei Verschmutzung und wachsenden Freizeitangeboten das trinkbare Süßwasser rarer wird. Wer weiß, wann Kriege nicht mehr nur ums Öl geführt werden, sondern um das Wasser? Und das wohl umso härter, weil der Wassermangel tief am Lebensnerv des Menschen zehrt? »Wasser, du bist der köstlichste Besitz der Erde«, ruft einmal Antoine de Saint-Exupéry aus. Er musste es wissen aus leidvoller persönlicher Erfahrung.

Kurz nach seinem Flugzeugabsturz 1935 in der Sahara notierte er: »Es weht Westwind, der den Menschen in 19 Stunden ausdörrt. Noch ist mein Schlund offen, aber schon hart und schmerzhaft. Ein leises Rasseln kann ich auch schon vernehmen. Meine Zunge ist mir im Weg. Das Schlimmste aber ist, dass ich leuchtende Flecken sehe. Wenn diese zu Flammen werden, stürze ich zusammen.«

Ein vorbei reitender Beduine war es, der ihm und seinem Kopiloten das Leben rettete. »Ein Wunder«, schrieb er weiter, »ein Wunder! Er kommt auf uns zu wie ein Gott über das Meer! ... Und nun trinken wir, auf dem Bauch liegend, den Kopf im Becken wie Kälber.«

»Durst allein vermag das Wasser zu schätzen«, bemerkt der Kapuziner Anton Rotzetter einmal. Jeder Mensch sollte pro Tag zwei Liter Wasser trinken, und es wird viel Wasser getrunken. Die Appelle der Ärzte und die Werbesprüche der Getränke-Industrie tragen ihre Früchte. Viele Kinder trinken morgens schon Wasser zum Frühstück. Aber haben sie wirklich Durst?

Ja, Kinder haben noch wirklich Durst: Oft spülen sie das Wasser so schnell in einem Zug herunter, dass die Mahnung folgen muss: »Trink nicht so schnell!« Der betagte Mensch ist oft weniger durstig: Sein Lebensdurst scheint gestillt, und der Arzt muss nicht selten das Trinken verordnen, damit der Mensch nicht austrocknet; eine häufige Gefahr des alternden Menschen.

Der Mensch verdurstet eher als dass er verhungert. Längere Fastenzeiten ohne Nahrung kann der Mensch eine ganze Weile überstehen, aber ohne zu trinken, ist er bald am Ende seiner Kräfte. Unsere Sprache verrät, wie so oft, mehr als wir denken: Hunger und Durst »stillt« man. Es ist wohl so, dass ein Mensch, der Brot und Wasser in seinen vielfältigsten Formen entbehrt, laut und launisch wird. Erst wenn Hunger und Durst befriedigt werden, wird er zufrieden und ist »ge-stillt«.

»Wie der Hirsch schreiet nach frischem Wasser, so schreiet meine Seele, Gott, zu dir«, übersetzt Martin Luther den ersten Vers des Psalms 42. So hat es in unnachahmlicher Weise Felix Mendelssohn-Bartholdy in Tönen hör- und erfahrbar gemacht. Martin Buber dichtete nach: »Wie die Hinde lechzt an Wasserbetten …« Lechzen, schmachten, das sind starke Ausdrücke für dieses Gefühl: Durst haben.

Die grausame Sterbe-Erfahrung Jesu ließ ihn am Kreuz rufen: »Mich dürstet!« Es ist tatsächlich ein Liebesdienst aller, die Kranke und Sterbende begleiten, ihnen Wasser zu reichen und den austrocknenden Mund zu befeuchten. Wohl dem, der zu trinken hat, wenn er durstig ist! Wohl dem, der Menschen findet, die ihm »das Wasser reichen« können und wollen!

Antoine de Saint-Exupéry weiß, wovon er betet: »Wasser, du hast weder Geschmack noch Farbe noch Aroma. Man kann dich nicht beschreiben. Man schmeckt dich, ohne dich zu kennen. Es ist nicht so, dass man dich zum Leben braucht: Du selber bist das Leben! Du durchdringst uns als Labsal, dessen Köstlichkeit keiner unserer Sinne auszudrücken fähig ist. Durch die kehren uns alle Kräfte zurück, die wir schon verloren gaben. Dank deiner Segnung fließen in uns wieder alle bereits versiegten Quellen der Seele. Du bist der köstlichste Besitz der Erde.«

Jeder Mensch hat seine empfindlichen Stellen. Meine betrifft den Gebrauch des Wassers: Wenn man weiß, dass der größte Teil des Trinkwassers auf unserer Erde *nicht* zum Trinken gebraucht wird, macht mich das wütend. Wieviel Wasser wird verplempert, nicht einmal nur zur Hygiene, sondern zum puren Wohlfühlen!

Jörg Zink erzählt: »Als ich mit Salma, der Zwölfjährigen, und ihren Ziegen unterwegs war, gab sie mir nach einiger Zeit zu verstehen, dass sie ihren Ziegen Wasser geben müsse. Ich schaute mich um und konnte außer Sand und Steinen nichts entdecken. Da nahm sie aus ihrem Schultertuch eine Waschschüssel und eine Blechbüchse und lief im Kreis durch das Tal wie ein witterndes Tier; dann setzte sie sich nieder und grub mit der Büchse ein Loch. Als sie dreißig Zentimeter tief war, lief das Wasser zusammen, sie schöpfte es in ihre Schüssel, und die Ziegen kamen gelassen angetrottet. Sie hatten das Wasser längst auch gerochen und wussten, Salma würde es ihnen aus dem Sand holen. Der ›Geruch des Wassers‹ – wer ihn nicht kennt, wird hier nicht überleben.«

Den »Geruch des Wassers« zu kennen, setzt Durst und Erfahrung voraus. Wer nicht durstig ist, wird kein Wasser suchen. Wer nicht weiß, wie und wo es zu finden ist, wird unter Umständen verdursten. »Den wahren Geschmack des Wassers erkennt man in der Wüste«, sagt ein Sprichwort aus Israel.

Hunger und Durst der Menschen sind groß. Offenbar macht sie ihr Alltag nicht satt und löscht nicht den Durst nach Leben. Ist nicht das große Bedürfnis der Menschen nach Erholung, Urlaub und Ferien Ausdruck einer großen Sehnsucht? Wer immer sehr eingespannt ist, sucht eine Aus-Zeit; wer sehr angespannt ist, sucht Ent-spannung. Unzählige Menschen besuchen in den Ferien Inseln; geradezu symbolische Orte, die für Abstand, Loslösung, Anderswelt stehen. Es besteht ein normales Bedürfnis danach, zu sich selbst zu kommen, um dann auch wieder zueinander zu finden.

Ist es nicht das, was Nelly Sachs in der ihr eigenen Sprache so ausdrückt: »Wenn wir auch das Wasser aus Röhren trinken, und es erst sterbend naht unserem ewig dürstenden Mund ...«? Ist es nicht unser »ewig dürstender Mund«, der sich auf Dauer nicht abspeisen lassen will von künstlichen Inseln, vorgegaukelten heilen Welten?

So manche löschen ihren Durst mit hochprozentigen Getränken und geben sich schnell zufrieden mit scheinbar wirkungsvollen Betäubungsmitteln. Statt sich selbst »reinen Wein« einzuschenken, begnügt man sich mit »Kurzen«, die auf kurz oder lang zur Sucht werden und immer neuen Schmacht hervorrufen. Man kennt den Nachdurst nach einer durchzechten Nacht ...

Herunterspülen lässt sich manches, doch vieles davon stößt einem immer wieder auf. Inselleben lenkt allerdings nicht ab, sondern führt zu sich selbst, auch in seine eigenen Lebens-Abgründe. Es geht um ein anderes Wasser, das Jesus anbietet, auch oder gerade denen, die mit allen Wassern gewaschen sind.

Wird bei Jesaja eingeladen: »Auf, ihr Durstigen, kommt alle zum Wasser« (Jes 55,1), so sagt Jesus im Johannesevangelium: »Wer Durst hat, komme zu mir und trinke! Wer an mich glaubt, dem gilt, was die Schrift sagt: Aus seinem Inneren werden Ströme von lebendigem Wasser fließen« (Joh 7,37f).

Der peruanische Schriftsteller Luis Zambrano beschreibt in einem Text, was dieses Stillen des Durstes im Sinn Jesu bedeuten kann:

»Mich schmerzte jener Mensch, der da lag, mit trockener Zunge, sein Gesicht zur Sonne. Ich rannte und bot ihm etwas Wasser an; er jedoch blickte mich an, mit der Traurigkeit derer, die fühlen, dass sie sterben. Voller Verzweiflung nahm ich ihn in meine Arme und brachte ihn zur Quelle, wo ich seine Kleider und seine Haut benetzte ... Er heftete seine Augen auf mich und sah mich mitleidig an. Ich redete und lächelte ihn an, ging mit ihm ins Wasser hinein und sang in den Wind. Und dann, erst dann *hatte der Mensch Durst*« (aus: Luis Zambrano; Sangre, Gritos, Puebli ... y otros poemas. Innsbruck 1986, 2. Auflage).

Hier ist es die solidarische Liebe, die den Menschen seinen wahren Durst erkennen und anerkennen lässt. Viele Menschen finden in einer Inselzeit zu sich selbst, spüren in sich den Durst und finden den Weg zur wahren Quelle. »Wer von diesem Wasser trinkt, das ich ihm geben werde, wird niemals mehr Durst haben; vielmehr wird das Wasser, das ich ihm gebe, in ihm zur sprudelnden Quelle werden, deren Wasser ewiges Leben schenkt« (Joh 4,14).

Im wunderbaren Gespräch Jesu mit der Samariterin am Jakobsbrunnen wird die ganze Weite des herzlichen Erbarmens Jesu deutlich. Das Werk seiner Barmherzigkeit ist er selbst. Er reicht nicht weiter, vertagt, verweist und vertröstet nicht, sondern er gibt sich als sprudelnde Quelle der Liebe, die dazu befähigt, selbst zur Quelle zu werden.

Für eine Osternachtsfeier schrieb ich einmal dieses Taufbekenntnis (Auszug):

»Ich bekenne mich zu dem lebendigen Wasser, das sprudelt, wenn ich hart werde; das reinigt, wenn sich der Schatten einnistet; das aufweckt, wenn ich einzuschlafen drohe; das belebt, wenn ich Leben verhindere; das immer noch fließt, wenn ich ausgetrocknet bin. – Ich bekenne mich zu meiner Taufe, weil ich glaube an den Vater, der lebendiges Wasser gibt; weil ich glaube an den Sohn, der lebendiges Wasser ist; weil ich glaube an den Geist, in dem sich Feuer und Wasser verbinden zum lebendigen Quell ewigen Lebens.«

Das ist das Werk der Barmherzigkeit: Nicht billig abspeisen mit aufputschenden, aber nur kurzfristig helfenden »Getränken«, sondern von sich, vom eigenen Grund, aus dem wir zu leben versuchen, von unserem Glauben, von unserer Hoffnung, von unserer Liebe zu schenken und auch manchmal den Durst aushalten und sich mit auf den mühsamen Weg machen, bis man den »Geruch des Wassers« erkennt.

Erlebnis Halbmarathon

An diesem Morgen geht Jens Maybaum wieder in Zivil in den Unterricht. Für einen Moment hat er allerdings überlegt, ob er nicht im Läufershirt und in der Radlerhose kommen solle, da hätte er gleich wieder einen passenden Einstieg ableiten können. Aber dann hat er den Gedanken verworfen; zum einen, weil es Ende Februar einfach noch zu kalt für kurze Hosen ist, zum anderen, weil er sich nicht gern wiederholt.
Also hat Maybaum einfach seine Lieblings-Laufschuhe angezogen, seinen Pokal vom letzten Stadtlauf unter den Arm geklemmt und den mit in den Unterricht genommen - damit geht's auch. Zumindest, was den Einstieg betrifft. Die zweite Spur - Aufschrift »Durstige tränken« - steckt zusammengefaltet in dem Pokal. Das wird den Schülern doch einiges zu denken geben ...
Der »stumme Einstieg« ist eine von Maybaums liebsten Stundeneröffnungen. Nachdem er die Klasse begrüßt hat, stellt er einfach den Pokal aufs Pult und lässt die Jugendlichen mit ihm und ihren Gedanken allein. Vom Hintergrund des Klassenzimmers aus beobachtet er, wie sie - im wahrsten Sinn des Wortes - nach einer Spur suchen. »Hey, Sie sind ja echt sportlich!«, stellt Maik anerkennend fest. Von seinem Platz gleich vor dem Pult hat er die eingravierte Aufschrift lesen können. »Stadtlauf 2006. 3. Platz. Jens Maybaum«, verkündet er seinen Mitschülern, und die klatschen grölend Beifall. Maybaum verneigt sich grinsend.
»Und«, will Lars wissen, »war da auch schon Champagner drin? Oder gibt's beim dritten Platz nur Sekt?«
Maik beugt sich vor und hebt prüfend den Deckel des Pokals ab. »Hier ist 'ne neue Spur!«, ruft er aufgeregt, zieht das zusammengefaltete Tonpapier heraus und liest vor. »Durstige tränken.«
Eine Menge Finger schnellen in die Luft. Jetzt, wissen die Schüler, geht es mit einem »normalen« Unterrichtsgespräch weiter. Sie versuchen, dem Erlebnis »Halbmarathon« auf die Spur zu kommen, und allen ist klar: Ohne regelmäßige Flüssigkeitszufuhr ist ein über 20 Kilometer entferntes Ziel nicht zu erreichen. Darum muss es unterwegs immer wieder Getränkestände geben, an denen Freiwillige den Läufern einen Becher Wasser reichen.

Mit einer einfachen Skizze will Maybaum das verdeutlichen. Dazu schreibt er mit großen Buchstaben das Wort »Laufweg« an die Tafel. Dann malt er einen langen waagerechten Strich, schreibt auf die linke Seite »Start«, auf die rechte »Ziel«. »Halten wir also fest«, resümiert er und zieht aus seinem Rucksack einige Plastikbecher. »Ab und zu müssen wir auftanken, um unseren Durst zu stillen.« Damit postiert er die Plastikbecher in regelmäßigen Abständen auf der Kreideablage unter dem Strich.
Als alle Schüler den Sinn der Tafelskizze verstanden haben, nimmt Maybaum den Schwamm und wischt die Silbe »Lauf« weg. Dafür schreibt er die Buchstaben »Lebens« an – so ergibt sich das Wort »Lebensweg«. Die Schüler haben verstanden: »Auch im Leben brauchen wir regelmäßig etwas zu trinken.« – »Ja, jeden Tag mindestens zwei Liter, sonst würden wir krank und müssten sterben.« – »Ohne Nahrung ist das Leben schon schwer, ohne Wasser aber auf Dauer unmöglich.«
Der Lehrer spricht mit den Jugendlichen noch eine ganze Zeit über die besondere Bedeutung des Wassers. Er beschreibt die Qualen eines Verdurstenden – und macht deutlich, wie ein einfacher Becher Wasser wirklich zu einer Gabe der Barmherzigkeit werden kann.
»Aber«, sagt er dann, »es gibt ja noch viel mehr, auf das wir angewiesen sind, das wir – auch im übertragenen Sinn – regelmäßig zu uns nehmen müssen!« – »Liebe«, meldet sich eins der Mädchen, und Maybaum beißt sich auf die Zunge. Das ist immer die erste und sicher auch die wichtigste Antwort. Aber ob die Schüler ihre Tragweite schon einschätzen können? Er seufzt leise: Das ist und bleibt wohl eine Lebensaufgabe.
In seinem Rucksack hat der Lehrer eine ganze Batterie weiterer Plastikbecher und ein Etui mit Folienschreibern mitgebracht. »Ich dachte mir, wir schreiben heute einmal nicht in die Hefte, sondern auf die Becher. Und zwar all das, was wir immer wieder auf unserem Lebensweg zu uns nehmen müssen. Wonach uns dürstet, damit wir glücklich leben können. Nehmt euch ein paar Minuten Zeit. Wer fertig ist, darf seinen Becher vor die Tafel stellen, an den Lebensweg sozusagen.«

Anregungen

> In der Familie

Gesprächsmöglichkeit: Was haben die Schüler wohl auf die Becher geschrieben? Wonach dürstet Mama, Papa oder die Kinder?
Kreativ: Selber Becher beschriften und aufstellen. Was können wir in dieser Woche konkret füreinander tun, damit die Becher sich füllen und der Durst gestillt wird? (Wie beim Wichteln ist jeder in der Praxis für einen anderen zuständig.)

> Im Familienkreis

Gesprächsmöglichkeit: Wie ändert sich unsere Sehnsucht, unser Durst im Laufe des Lebens?

> Im Familiengottesdienst

Aus der Idee lässt sich ein kleines Rollenspiel ableiten: Ein Kind (im Laufdress oder Jogginganzug) trabt unter dem Schild »Laufweg« durch den Mittelgang der Kirche auf ein Ziel zu. An den Bank-Enden werden ihm immer wieder Trinkbecher gereicht. Dann wird das Schild gedreht: »Lebensweg« ist da zu lesen. In der Katechese überlegen Priester und Kinder, wonach Menschen dürsten. Becher mit den entsprechenden Aufschriften werden auf den Altar gestellt, dazu der Kehrvers gesungen: »Alle meine Quellen entspringen in dir«.

Wasser für die Welt, ein Brunnen für Togo

Gut drei Jahre lang bin ich als Kaplan am Xantener Dom gewesen und habe dort unterschiedlichste Liturgiefeiern erleben dürfen. Einer meiner »Lieblingsgottesdienste« – wenn man in diesem Zusammenhang denn von einem solchen sprechen kann – war die monatliche Jugendmesse, die wir jeweils am letzten Sonntag im Monat feierten. Es war schön, zu den Klängen der Jugendband einzuziehen, die sich unter Schwester Quirinas Anleitung von Mal zu Mal steigerte; es war schön, einen vollen Dom erleben und in all die vielen (vor allem jungen) Gesichter blicken zu dürfen, die sich versammelt hatten, um mit uns diese besondere Form der Jugendliturgie zu feiern.

Im Nachhinein freue ich mich besonders über die Entwicklung, die der Jugendliturgiekreis im Laufe der Zeit gemacht hat. Musste ich in den ersten Monaten unserer Zusammenarbeit noch viel vorgeben, so sind die jungen Leute mit den Jahren immer selbstständiger geworden, kamen mit eigenen Themen und Gestaltungsvorschlägen. Und ich habe mich – je nach Möglichkeit – bemüht, diese Anregungen entsprechend aufzugreifen. »Lasst uns doch mal etwas zum Schuldbegriff machen«, schlug Ruth eines Tages vor. »Bei der ganzen Wertediskussion heute erscheint es mir wichtig, überhaupt einmal zu klären und zu erklären, was die katholische Kirche unter Schuld versteht.«

»Oder wie wär's mit dem Thema ›Liebe‹?« überlegte Joel. »Liebe ist doch viel mehr als das, was uns die Medien als solche verkaufen wollen!«

Ein anderes Mal kam Max mit einer konkreten Bitte. Ob wir nicht Gutes mit Nützlichem verbinden und einmal etwas zum Thema »Wasser« machen könnten. Er erklärte uns den Hintergrund seines Vorschlags – und der hieß Dennis.

Dennis, ein junger Mann aus Togo, war vor etwa zehn Jahren nach Deutschland gekommen, um hier »moderne« Landwirtschaft zu lernen. Zuerst hatte er auf einem Xantener Bauernhof eine praktische Ausbildung gemacht, um dann in Gießen ein Agrarstudium anzuschließen – »unter echt bescheidenen Verhältnissen«, wie Max sagte.

In den Semesterferien war der junge Toganer arbeiten gegangen, um das Studium überhaupt finanzieren zu können, das er nun endlich zum Abschluss gebracht hatte. Er würde also nach Afrika zurückgehen – zurück zu seiner Verlobten, die schon so lange auf ihn wartete, zurück in sein Dorf, das auf seine praktische Hilfe hoffte. »Aber er schämt sich, mit leeren Händen in die Heimat zurückzugehen«, berichtete Max, dessen Familie den Afrikaner während seiner Zeit in Deutschland immer wieder begleitet und zu sich eingeladen hatte.

Dennis hatte einen Traum: Wie gern würde er sein Heimatdorf überraschen und den geliebten Menschen eine Wasserpumpe aus Deutschland mitbringen – für einen nie versiegenden Brunnen! Um diesen Traum zu unterstützen, hatte Max mit seiner Messdienergruppe schon Waffeln gebacken und verkauft. Aber der daraus erzielte Erlös war wirklich nur der sprichwörtliche Tropfen auf den heißen Stein.

»Können wir nicht einmal eine Jugendmesse zum Thema Wasser machen?«, schlug der junge Mann also vor. »Schließlich ist Wasser eins der wichtigsten Lebensmittel und eins der entscheidenden Zukunftsthemen auf unserer Erde – es heißt ja, dass zukünftige Kriege nicht ums Öl, sondern um Wasser geführt werden, das immer knapper wird. Da haben wir doch eine besondere Verantwortung!«

In einer kurzen Runde überlegten wir, welche Ansatzpunkte sich – vor allem aus christlicher Sicht – anboten, ob das Thema »gottesdiensttauglich« war. Als wir das allgemein bejaht hatten, kam Max mit einer weiteren Bitte – ob wir dann nicht auch in diesem Gottesdienst für Dennis' Brunnenprojekt kollektieren könnten ... ?

Als es aus dem Seelsorgsteam auch in dieser Frage grünes Licht gab, konnte die Planung für unsere Jugendmesse in die Konkretion gehen: Im Mittelpunkt des Wortgottesdienstes stand schließlich eine Sammlung von Bibeltexten, die von der Wirkmacht des Wassers erzählten. Angefangen beim »Wasser aus dem Felsen«, von dem das Buch Exodus erzählt, bis zu der Begegnung Jesu mit der Frau am Jakobsbrunnen und seinem Versprechen, ihr lebendiges Wasser zu geben – zu jeder Bibelstelle trugen wir eine gefüllte Gießkanne mit Wasser in den Dom und stellten sie auf dem Orgelpodest ab. Der eigentliche Brunnen, den es zu füllen galt, stand allerdings direkt vor dem Altar – wie also sollte das Wasser nun von seinem momentanen Ort dorthin kommen, wo es gebraucht wurde?

Wie in vielen unserer Jugendmessen hatten wir versucht, ein modernes, zeitgemäßes Zeichen für die alte, ewige Botschaft zu finden. Besonders Max hatte sich bei der Vorbereitung mächtig ins Zeug gelegt – und eine riesige Zahl von Dachrinnenstücken besorgt. Zusammengesetzt (oder zumindest aneinander gehalten) würden sie ziemlich genau reichen, um die Distanz zwischen Orgel und Altarinsel zu überbrücken, aber dazu müssten sich ganz viele der Gottesdienstbesucher beteiligen und mithelfen ...
Zudem hatten wir jedes Dachrinnenstück mit einer aufgeklebten, konkreten Anregung versehen: Wie man das Wasserproblem in der Welt lösen kann. Es waren keine großen Konzepte, meist nur kleine Ideen – angefangen vom Abstellen des Wasserhahns beim Zähneputzen bis hin zur genaueren Kontrolle: Muss der Pullover oder die Hose wirklich schon in die Wäsche?
Jeder, der ein Stück der Dachrinne hochnahm, trug seine Anregung vor. Schließlich war die Leitung komplett, und wir konnten zum Höhepunkt unserer Predigt-Aktion kommen: Auf einer Leiter stehend, goss ich das Wasser aus den Kannen vorsichtig in die erste Dachrinne. Es dauerte nicht lange, und in dem großen Kübel vor dem Altar war soviel Wasser, das die inliegende Pumpe zu sprudeln begann.
Wir hatten zumindest symbolisch gezeigt: Wenn viele Menschen mit kleinen Taten helfen, können anderswo viele Durstige mit lebenswichtigem Wasser versorgt werden. Und das Ergebnis der Kollekte tat ein übriges dazu.

Für den Tag und die Woche

Wie kann ich im Alltag bewusster mit dem kostbaren Wasser umgehen, was kann ich in meinem Bereich gegen das Wasserproblem in der Welt tun?

beherbergen

beherbergen

Für die Israeliten hatten die »Liebeswerke«, also die Taten mitmenschlichen Handelns, einen höheren Stellenwert als das Spenden von Almosen; Letzteres war ja ein ziemlich distanziertes Geben von Geldsummen, die vielen wahrscheinlich nicht weh taten. Jesus weist darauf hin, dass die paar kleinen Geldstücke, die die arme Witwe gibt, moralisch höher zu bewerten sind als das, was vom Überfluss abgezweigt wird, ohne dass es weh tut. Aber die »Liebeswerke«, also Krankenbesuche, Beherbergung von Fremden, Bestattung von Toten und Teilnahme an Begräbnissen, Tröstung von Trauernden usw. waren nicht mit Geld zu bezahlen, sondern sie erforderten – und erfordern auch heute in unserer modernen Gesellschaft – das persönliche, aktive Engagement. Das bedeutete aber für Israel immer auch, dass solche »guten Taten« nicht nur in dieser, sondern in der jenseitigen Welt reichlich belohnt werden. Ja, die »Liebeswerke« waren sogar wichtiger und verdienstvoller als die Gebote der Tora. Da steht Jesus ganz konsequent auf dem Boden seiner jüdischen Religion und ihrer unbedingten Hochschätzung tätiger Nächstenliebe.

Dazu gehört auch das Beherbergen von Fremden, wie es wiederum in Mt 25,35 als drittes »Werk der Barmherzigkeit« genannt wird. Und wiederum habe ich den Eindruck, dass die Bibelübersetzungen ein wenig abschwächen, was Jesus meint. »Xénos« ist nicht nur der Fremde, sondern sogar jener, der in feindlicher Absicht kommt; es bedeutet »feindselig«, auch »unbekannt«, »fremdländisch«. Und »synágere« ist nicht nur »beherbergen«, also wie ein Hotel oder eine Herberge, sondern in den Kreis der Familienmitglieder aufnehmen. Es erinnert daran, dass Jesus die Feindesliebe proklamierte und dass er dazu aufforderte, die Nächstenliebe an der Selbstliebe zu messen. – Auf einem Kalenderblatt fand ich den anonymen Spruch: »Achten Menschen sich selbst, so achten sie gewöhnlich auch Fremde.«

Wir befinden uns also wieder auf der ziemlich radikalen Linie Jesu, der nicht nur ein bisschen Süßholz raspelte, sondern harte Forderungen stellte.

Die schönste Geschichte von der Gastfreundschaft steht im 18. Kapitel des Buches Genesis: Da kommen drei Fremde zu Abraham, und Abraham nimmt sie gastlich auf. Er bereitet für sie sogar das Mastkalb! Das ist eines der stärksten Zeichen der Sympathie, denn eigentlich hob man das Mastkalb für die Hochzeit des Sohnes oder der Tochter auf. Die drei müssen stundenlang bei Abraham gewesen sein, denn so ganz schnell ließ sich das Mahl wohl nicht anrichten. Vielleicht waren sie längere Zeit bei Abraham, und seiner Frau Sara ist das gar nicht recht. Aber für Abraham ist es, als sei Gott bei ihm zu Gast. Für Jesus gilt: Wer einen Fremden aufnimmt, nimmt Jesus auf und damit Gott. Das gilt übrigens ganz konkret für die Aufnahme von Waisenkindern; denn sie standen zusammen mit den Witwen und den Ausländern auf der untersten Stufe des gesellschaftlichen Ansehens.

Das »Liebeswerk« der Aufnahme von Fremden ist natürlich ein Stachel im Gewissen unserer westlichen Gesellschaft. Denn der Zustrom von Fremden ist bisher nicht bewältigt, und die Methoden, sich die Fremden vom Hals zu halten, sind bisweilen brutal. Ich habe kürzlich von einer Familie gehört, die in ihre kriegszerstörte Heimat abgeschoben wurde. Während die Mutter auf dem Ausländeramt um Verlängerung ihrer Duldung nachsuchte, wurden die minderjährigen Kinder von der Polizei eingefangen, als sie über einen Acker neben ihrem Asylbewerberheim fliehen wollten; die Jagd auf die Kinder, die einer sonst alljährlich an gleicher Stelle stattfindenden Treibjagd auf Reh-Wild nicht unähnlich war, war schließlich »erfolgreich«: Die Kinder wurden in einen Polizeiwagen geladen, zur Mutter gebracht und mit ihr zusammen in das nächste Flugzeug Richtung Mazedonien verfrachtet. Das ist ganz gewiss nicht die Art, die Jesus mit der gastlichen Aufnahme von Fremden meinte, und es ist wahrscheinlich noch ein langes Stück Wegstrecke, bis sich Politik und Gesellschaft auf eine menschenwürdige Behandlung Fremder geeinigt haben.

Schon im Buch Deuteronomium steht das Wort: »Verflucht sei, wer das Recht des Fremden beugt!« Mehrmals wird im Alten Testament gesagt, dass wir eigentlich vor Gott immer wie Fremde sind, also wie solche, die sich dem Wohlwollen Gottes anvertrauen. Das klassische Beispiel von Fremdheit aber ist der Aufenthalt des Volkes in Ägypten; da erfahren sie kein Wohlwollen, sondern müssen für ihre Herrschaften schwer schuften; da ist nichts von Aufnahme, Gastfreundschaft oder Beherbergung. Aber das Volk weiß: Gott lässt sein Volk, das fremd im Land ist, nicht im Stich. Gott erbarmt sich der Fremden. Zwar ist das Volk Israel auch in Kanaan zunächst fremd und unwillkommen, aber es bekommt dort allmählich Heimat und Geborgenheit. Von der eigenen Erfahrung von Fremdheit und Beheimatung ist wohl auch Jesu ausdrücklich geforderte Barmherzigkeit zu verstehen.

III

erklärt

Von Ludger Bornemann

» Fremde beherbergen

In einem Pilgerhaus im Heiligen Land lebe ich. Am See Gennesaret, unweit gelegen der uralten »Via Maris«, der Straße zum Meer, liegt der Ort Tabgha. Der Name ist abgeleitet vom griechischen Wort »Heptapegon«, das heißt übersetzt »Siebenquell«. Hier erinnern die Christen seit dem dritten Jahrhundert an das Wunder der Brotvermehrung. Das Markus-Evangelium erzählt, dass Jesus fünftausend Menschen sich an diesem Rastplatz lagern lässt, »sie sollten sich in Gruppen ins grüne Gras setzen« (Mk 6,39). Die Menschen sind erschöpft und hungrig. Jesus blickt zum Himmel auf, er betet, nimmt die fünf Brote und die zwei Fische – und alle aßen und wurden satt.

Alle vier Evangelisten berichten von der wunderbaren Speisung. In diesen Texten klingt immer auch die alte Exodus-Geschichte durch: Die Israeliten waren als Fremde in Ägypten versklavt gewesen; Jahwe, der lebendige Gott mit dem Namen »Ich bin da«, hatte sie im Ausland, im Elend gesehen und sie in einer dramatischen Rettungsaktion durch das Schilfmeer in die Freiheit ziehen lassen. Es folgten vierzig lange Jahre in der Wüste. Und auch hier erbarmt sich Jahwe und speist sie wunderbar mit »Manna« (Ex 16,35).

Diese Glaubenserfahrungen haben ihren Hintergrund in den Gegebenheiten des vorderen Orient: Das »Heilige Land«, Israel / Palästina, liegt genau im Schnittpunkt der Kontinente Afrika, Asien und Europa. Neben den Nomadenstämmen, die auf der Suche nach Weide- oder Siedlungsland waren, gab es Karawanen und Heere, die durch diese Gegend zogen. Ägypter, Babylonier, Griechen, Römer, Byzantiner, die Kreuzfahrer, Osmanen, Engländer, Amerikaner – in Vergangenheit und Gegenwart ist die Liste der Völker und Mächte, die hier herrschten und Einfluss hatten, lang. Sie alle haben ihre Spuren hinterlassen – aber die Begegnung mit diesem Land ist auch an ihnen nicht spurlos vorübergegangen. Das Heilige Land ist ein Schnittpunkt zwischen den Kontinenten – aber genauso ist es auch ein Brückenland für fremde Völker und Kulturen.

Das Fremde und die Fremden bedrohen und stellen das Eigene in Frage. Davon weiß die Bibel zu erzählen. Sicherung der Grenzen, Kriege und Landeroberungen, Vorschriften ausdrücklich nur für die eigenen Volksgenossen – die Geschichte des Volkes Israel kennt viele Beispiele dafür, wie man auf die Bedrohung durch die befremdlichen Anderen reagiert. Schreckliche Ansichten und Praktiken den Fremden gegenüber gibt es dort, entstanden aus der Angst vor dem Verlust des Eigenen.

Wie eine zarte Pflanze wachsen aber in biblischer Zeit auch andere Einsichten. So wird von Abraham und Sara erzählt, wie sie fortzogen aus Ur in Chaldäa, als Fremde lebten in Ägypten, schließlich in Mamre bei Hebron eines Mittags Besuch bekamen von drei fremden Männern. Mit großer Aufmerksamkeit wendet sich Abraham ihnen zu und bereitet ein Mahl, bei dem er es an nichts fehlen lässt. In respektvoller Distanz gewährt er den Gästen Ehrerbietung, er selbst isst nicht mit ihnen. Diese Fremden sind es schließlich, die den beiden alten Leuten, Sara und Abraham, ein Geschenk ankündigen: die Geburt eines Sohnes und damit Zukunft und Leben. Ja, schließlich erkennt Abraham, dass in diesen Fremden der »Ich bin da« selbst ihn besucht hat. – Vielschichtig ist diese Erzählung, aber auffällig ist es, wie gastfreundlich hier Abraham, der selber Fremder war und weiß, wie es dem Fremden zumute ist, seine Gäste aufnimmt.

Nicht erstaunlich ist die ursprüngliche Angst vor dem Fremden. Aber erstaunlich ist, wie der Gedanke langsam im Gottesvolk heranwächst, dass der Fremde der Gast Gottes ist, der unter seinem besonderen Schutz steht. Er hat Rechte im Volk Gottes und soll nicht nur mitleidig geduldet werden. Abraham gewinnt größeren Lebensreichtum, und so will die Behandlung und Begegnung mit dem Fremden jeden, der auf den lebendigen Gott vertraut, zu mehr Leben verlocken. Das Leben verkümmert, wenn es sich nur in sich selbst erschöpft.

»Einen Fremden sollst du nicht ausbeuten. Ihr wisst doch, wie es einem Fremden zumute ist; denn ihr selbst seid in Ägypten Fremde gewesen« (Ex 23,9). Luther übersetzt hier sehr schön: »Ihr wisst um der Fremdlinge Herz.« Das ist ein wichtiger Grund für die Lebensrechte des Fremden: Das erfahrene eigene Leid des Fremdseins kann das Herz bitter und bösartig werden lassen und man will es möglichst schnell vergessen und verdrängen. Aber aus der Erinnerung der eigenen Schmerzen können auch Mitleid und Barmherzigkeit erwachsen. Menschen, denen man Wunden geschlagen hat, können Wunden anderer besser verstehen. Und daraus kann sich schließlich ein Sinn entwickeln, in dieser Welt, in dieser gebrochenen und »seufzenden Schöpfung« (Röm 8,22) das eigene Leben als Gast und Fremder zu verstehen. Das 1. Buch der Chronik legt König David kurz vor seinem Tod ein Dankgebet in den Mund, in dem er sagt: »Denn wir sind nur Gäste bei dir, Fremdlinge wie alle unsere Väter. Wie ein Schatten sind unsere Tage auf Erden und ohne Hoffnung« (1 Chr 29,15).

»Wir haben hier keine Stadt, die bestehen bleibt, sondern wir suchen die künftige« (Hebr 13,14), formuliert der Verfasser des Hebräerbriefs. Die ersten Christen haben sich oft als Fremde in dieser Welt gefühlt, »die Anhänger des neuen Weges« (Apg 9,2) werden sie genannt, »die als Fremde in Pontus, Galatien ... und Bithynien in der Zerstreuung leben« (1Petr 1,1). Sie folgen Jesus, dem »Gast auf Erden«, dessen Reich nicht von dieser Welt ist (Joh 18,36), der schon bei seiner Geburt auf die Herberge angewiesen ist (Lk 2,7), der in den Häusern der Menschen zu Gast sein *muss* (Lk 19,5) und der Gäste einlädt und sie bedient in der Fußwaschung (Joh 13,5) – und bei der Brotvermehrung ... Da ist er der »Ich bin da«.

»Vergesst die Gastfreundschaft nicht; denn durch sie haben einige, ohne es zu ahnen, Engel beherbergt« (Hebr 13,2).

Im modernen Staat Israel leben heute Menschen aus ca. 40 verschiedenen Nationen. Neben den Juden unterschiedlichster Herkunft sind 20 Prozent der Bevölkerung arabische Israelis, die meisten sind Muslime. Dazu kommen noch ca. zwei Prozent arabische Christen. Es ist ein Land mit vielen Inseln und Ghettos, mit sichtbaren und unsichtbaren Mauern und Zäunen. Welten liegen zwischen den Juden in Tel Aviv und denen in den orthodoxen Vierteln Jerusalems, zwischen Arabern in Nazaret und Bewohnern der Flüchtlingslager in Betlehem. Dazwischen deutsche Pilger, die mit den unterschiedlichsten Erwartungen und Befürchtungen in dieses fremde Land aufgebrochen sind. Verwirrend ist diese orientalische Welt und faszinierend zugleich. Man steht vor Mauern und verschlossenen Toren – und staunt über die neue Welt, die sich zeigt, wenn eine Tür sich öffnet.

Im Pilgerhaus Tabgha versuchen wir heute, die Gastfreundschaft des Evangeliums der Brotvermehrung für alle Menschen guten Willens zu leben. Die Architektur dieses Hauses nimmt den Gedanken der Karawanserei auf, jede Zimmertür öffnet sich nach draußen, und dann ist man in der vielfältigen Natur. Pilger und Reisende aus den verschiedensten Ländern der Erde finden hoffentlich einen Ort, wo »der Tisch reich gedeckt ist« (Ps 23). Jüdische, muslimische und christliche Frauen und Männer aus Israel, Palästina, Marokko, Russland, Holland – philippinische Schwestern und ein deutscher Pastor wollen in Tabgha dafür sorgen, in der Fremde Lebensreichtum zu entdecken.

Und mittags – zur Zeit als Sara und Abraham in den Fremden Engel beherbergten, ohne es zu ahnen – beten wir in der Kapelle die alten hebräischen Psalmen in englischer Sprache. Das ist eine Fremdsprache für uns alle, die uns erinnert, dass wir noch Fremde und Gäste in dieser Welt sind. Und manchmal ahnen wir in den alten Liedern und den fremden Gästen etwas davon, wie es sein wird mit dem »Ich bin da« – wie auch immer er da ist.

III

gelebt

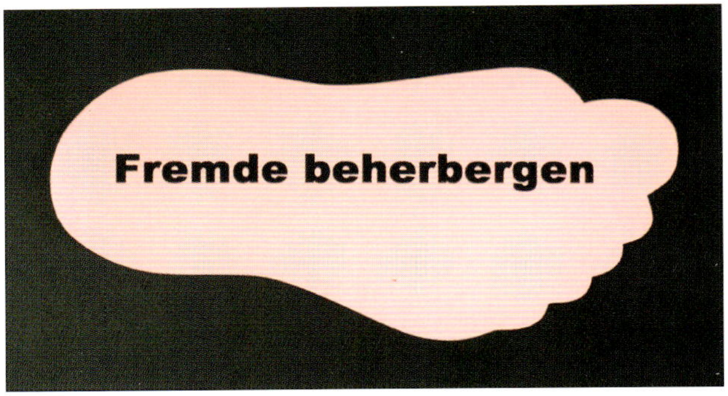

Frau Dreier

Jens Maybaum stöhnt. »Da habe ich mir wohl ein bisschen viel vorgenommen.« Er sitzt auf dem Bürgersteig und malt mit bunter Kreide Fußspuren auf die Steine. »Na«, fragt die vorbeiradelnde Kollegin, »sind Sie immer noch mit Ihrem Fall beschäftigt?« Maybaum grinst. »Kann man so sagen. Und dieses Mal gibt's besonders viele Spuren, die wir verfolgen müssen.«

Mit eben diesen Worten eröffnet Maybaum dann auch seine Unterrichtsstunde in der 7c. Er präsentiert die dritte große Fußspur und hängt sie zu den beiden anderen. »Fremde beherbergen«, steht darauf, und noch bevor die Schülerinnen und Schüler überlegen können, was das in diesem Fall heißt, fordert Maybaum sie auf: »Zieht euch mal eure Jacken und Anoraks an! Heute machen wir uns wirklich auf und folgen der Spur.«

Ein paar Minuten später stehen Lehrer und Schüler unten auf dem Schulhof; vor dem großen Hoftor machen sie Halt, damit Maybaum überprüfen kann, ob alle da sind. Längst haben einige der Jugendlichen die Kreidespuren entdeckt, die Maybaum am Morgen auf den Bürgersteig gemalt hat – über eine Strecke von 800 Metern. Diesen Spuren folgen sie jetzt. Unterwegs begegnen ihnen einige ihrer Eltern, die gerade auf dem Weg in die Stadt sind. »Mama, wir verfolgen eine heiße Spur!«, ruft einer der Jungs, und Maybaum kann sich ein Lächeln nicht verkneifen. Schließlich enden die Spuren vor einem schlichten Einfamilienhaus.

»Dreier«, steht auf der Türklingel. »Hier geht's nicht mehr weiter«, stellen die Jugendlichen fest. »Sollen wir klingeln?« – »Probiert's doch«, ermuntert sie der junge Lehrer. Eine ältere Dame öffnet die Tür.

»Herzlich willkommen!«, sagt sie und bittet die Schüler einzutreten. »Am besten teilt ihr euch in zwei Gruppen auf«, schlägt sie vor. »Eine Gruppe wartet im Wohnzimmer, während ich der anderen das Schlafzimmer zeige. Ach ja, und ihr müsst ein bisschen zusammenrücken. Ich habe nicht immer so viele Menschen zu Gast!«

Während Maybaum mit der einen Hälfte der Klasse im Wohnzimmer wartet, steigt Frau Dreier mit den anderen die Treppe zum Schlafzimmer hoch. Warum sollen sie ihr Schlafzimmer besichtigen? Was hat das mit der Spur zu tun? Hat sie dort irgendwelche Fremden versteckt? Ausländer? Abschiebekandidaten?

»Na?«, fragt Frau Dreier, als die Jugendlichen um das Bett versammelt sind, »habt ihr schon eine Idee, was ich euch zeigen will?«
»Äh, ein Ehebett«, sagt Lars. »Ja, ein frisch bezogenes«, ergänzt einer der Mitschüler. »Alles richtig«, lächelt die ältere Dame. »Aber jetzt will ich euch nicht länger auf die Folter spannen. Bestimmt fragt ihr euch die ganze Zeit, was das hier soll. Ich will es erklären!«
»Also«, beginnt sie dann, »jedes Mal, wenn ich die Betten für meinen Mann und mich beziehe, muss ich daran denken, wie wir in den letzten Kriegstagen ausgebombt worden sind. Ich war damals noch ein junges Mädchen, so etwa in eurem Alter.« Sie überlegt. »Ja, das müsste hinkommen. Von heute auf morgen standen wir ohne eine Bleibe da, ohne ein Dach über dem Kopf. Unser altes Zuhause war ein einziger Trümmerhaufen. Und wir wussten nicht, wohin.«
Frau Dreier berichtet, wie ihre Eltern tagelang nach einer Unterkunft für sich und die drei Kinder suchten, wie sie nachts in Baracken und Scheunen schliefen und von den wenigen Resten lebten, die sie aus ihrem abgebrannten Haus retten konnten. »Und eines Tages kam mein Vater mit der Nachricht, die Müllers würden uns aufnehmen. Wir bekamen zwei Zimmer im oberen Stockwerk, zwei Zimmer für uns allein!« Tränen treten ihr in die Augen. »Wir waren dreckig bis zum Geht-nicht-mehr, hatten Schmutz im Gesicht und zerrissene Kleider. Und dennoch nahmen die Müllers uns auf. Ja, sie hatten sogar die Betten frisch für uns bezogen! Das war ein wunderbares Zeichen – wir waren willkommen. Damals habe ich gelernt, was es bedeutet, Fremde zu beherbergen. Diese Gastfeundschaft habe ich mein Leben lang nicht vergessen. Versteht ihr das?«
Ja, die Schüler verstehen; die kleine alte Dame ist so echt und ehrlich. »Wenn es heute darum geht, einen Fremden aufzunehmen, begegnen ihm oft eine große Skepsis oder 1000 Vorurteile. Und nicht selten wird erst die Bürokratie in Gang gesetzt, um zu prüfen, ob der Fremde auch eine weiße Weste hat.« Sie lächelt. »Wir sahen damals schrecklich aus. Und wurden dennoch aufgenommen. Das hat gutgetan.«

Anregungen

> In der Familie
Nichts geht über das persönliche Lebenszeugnis: Gibt es jemanden in der Großeltern-Generation, der von seinen Erfahrungen als Fremder/Flüchtling erzählen kann? Oder leben im Freundeskreis der Kinder/in der Nachbarschaft Ausländer, mit denen man sich treffen und austauschen kann? Ziel der Begegnung: Fremdsein heißt nicht schlecht zu sein, sondern einfach anders – interessant – zu sein.

> Im Familienkreis
Machen Sie sich doch einmal einen bunten Abend nur mit fremden Spezialitäten (auch Texten, Geschichten und Musik)!

> Im Familiengottesdienst
Im Zentrum steht der Gedanke, wie viele fremde Produkte und Bräuche wir inzwischen bei uns aufgenommen haben: von der italienischen Pizza zum afrikanischen Gospel, von amerikanischer Cola bis zum brasilianischen Tanz. Alles, so fremd es (zunächst) war, ist willkommen. Auch die Menschen? Als Überraschungseffekt tauchen Maria und Josef plötzlich in der Kirche auf. Wie beim weihnachtlichen Krippenspiel sind sie noch immer auf der Suche nach Aufnahme ...

Meine kleine Galerie

H oder H?

Am dritten Adventssonntag 2006 bin ich zur Vertretung in Wandlitz gewesen, in der »Familienkirche« im Norden Berlins. Dort habe ich auch die Generalprobe des Krippenspiels miterleben dürfen – zusammen mit einigen Vertretern der lokalen Presse.

Als die gelungene Aufführung vorbei war, fragte einer der Reporter die Kinder, was sie ihren Zuschauern denn mit dem Stück sagen wollten, welche Botschaft hinter dem Krippenspiel stehe. Ein vielleicht zwölf-, 13-jähriges Mädchen antwortete stellvertretend für alle Kinder. »Eigentlich wollen wir, dass die Leute sich fragen, ob sie H oder H sind!«, sagte das Mädchen. H oder H? Die Journalisten waren genauso überrascht wie ich. »H oder H?«, fragte einer der Reporter also, »was meinst du damit?«

»Naja«, erklärte die Kleine, »wir müssen uns entscheiden, ob wir Herbergsbesitzer oder Hirten sein wollen. Ob wir uns dem Geheimnis der Heiligen Nacht verschließen, so wie der Herbergsbesitzer – oder ob wir unsere Herzen weit öffnen, so wie die Hirten. Und wenn wir uns für Letzteres entscheiden, wird sich vieles ändern. Dann können wir nicht einfach so weitermachen wie bisher, dann müssen wir manches stehen und liegen lassen und uns aufmachen. Hin zum Kind, hin zum Stall.«

H oder H – das ist also die entscheidende Frage. Und ich denke, es ist nicht nur die Frage der Kinder – es ist nicht nur die Frage von Weihnachten, es ist unser aller Frage, an jedem Tag des Jahres. Wo stehen wir, wie entscheiden wir uns: Sind wir Herbergsbesitzer oder Hirten? Ja, ich glaube wirklich, dass diese auf den ersten Blick so weihnachtliche Frage letztlich unser ganzes Leben, unser ganzes Weltbild in den Blick nimmt.

Im Sommer 2006 hat meine Cousine ihr erstes Kind auf die Welt gebracht. Ein paar Monate später habe ich den kleinen Jonas taufen dürfen. Wenn man meine Cousine fragt, was dieser Junge für sie und ihren Mann bedeutet, dann sagt sie: »Er hat alles verändert. Nichts ist mehr so wie es früher war.« Sie hat lernen müssen, lernen dürfen: Wem ein Kind geboren wird, der kann nicht so weitermachen wie bisher, auch wenn das manchen Verzicht, manche Einschränkung und das Zurückstellen eigener Vorlieben und Wünsche erfordert. Wem ein Kind geboren wird, der muss sein Leben an diesem Kind ausrichten.

Die Vergangenheit hat uns – gerade in diesem Zusammenhang – leider einige traurige Schlagzeilen von Eltern beschert, die mit einer solchen Aufgabe deutlich überfordert waren. Immer wieder wurde in den Nachrichten von Männern und Frauen berichtet, die nicht bereit waren, sich auf ihren Sohn oder ihre Tochter, auf die Bedürfnisse dieser kleinen Menschenkinder einzulassen und ihr eigenes Leben, ihr eigenes Verhalten für sie zu ändern.

Die Kinder waren ihnen zu anstrengend, haben zu viel Lärm oder zu viel Dreck gemacht, und so wurden sie mit Prügel und Essensentzug bestraft, so hofften die vermeintlich Erziehungsberechtigten, bei den Kindern jene Verhaltensänderungen herbeiführen zu können, zu denen sie selbst nicht bereit waren. Einige Kinder haben mit dem Leben für die Engstirnigkeit, für die Faulheit und den Egoismus ihrer Eltern bezahlen müssen.

H oder H? Für die kleinen Jungen und Mädchen hat sich diese Wahl leider nicht gestellt. Sie mussten bei Menschen groß werden, die in ihren Herzen und in ihren Häusern keinen Platz für sie hatten.

Eine andere traurige Geschichte, die die Schlagzeilen der Vergangenheit beherrscht hat, war der Amoklauf in einer Schule von Emsdetten. Ein 18-jähriger ehemaliger Schüler hatte dabei einige Mitschüler, Lehrer und den Hausmeister verletzt und sich schließlich selbst getötet.

Münsters Weihbischof Tebartz-van Elst hat eine ganze Reihe von Fragen aufgeworfen, als er zusammen mit dem evangelischen Landespräses einen Gottesdienst für die Opfer und ihre Angehörigen feierte: Warum konnte das geschehen? Warum ist niemandem aufgefallen, wie sich der junge Mann verändert hat? Warum hat niemand eingegriffen, als es noch möglich gewesen wäre?
Ich möchte eine einfache Antwort auf all diese Fragen versuchen: Weil es in unserer Gesellschaft zu viele Herbergsbesitzer und zu wenig Hirten gibt. Und das gilt in allen Bereichen unserer Gesellschaft: in der Industrie, in der Politik, selbst in der Kirche. Zu viele sind damit beschäftigt, ihren Status, ihr Auskommen, ihre Pfründe zu sichern. Zu wenige sind bereit, sich und diese Verhältnisse in Frage stellen zu lassen, sich zu öffnen für die Herausforderungen, für die Notwendigkeiten dieser Zeit.
Das beginnt bei der Frage nach einer gesunden Sozialcourage: Ich beobachte mehr und mehr Herbergsbesitzer, Menschen, die sich lieber abwenden und verschließen – was geht mich das an, was habe ich damit zu tun?
Das geht weiter mit einer gefährlichen Kommerzialisierung unserer Gesellschaft: Wenn man miterleben muss, wie die Schere zwischen Arm und Reich immer mehr auseinanderklafft, dann erscheint es doch oberste Priorität zu haben, unter die Herbergsbesitzer zu gehen – und nicht ein ärmlicher Hirte sein zu müssen.
Selbst in unserer Kirche müssen (und sollten) wir uns fragen lassen, wo wir heute stehen, ob wir noch einen Blick für die Armen und Schwachen und die Randgruppen unserer Tage haben, ob wir noch bereit sind zu Wagnissen und Veränderungen.
H oder H? Als Christen feiern wir, dass auch uns – an Weihnachten – ein Kind geboren worden ist. Das ist eine Grundlage unseres Glaubens. »So ein Kind verändert alles«, hat meine Cousine gesagt, und ich ahne: Das ist eine riesengroße Herausforderung, zugleich aber auch eine wunderbare Chance. Wenn die Botschaft von Weihnachten mehr ist als nur zwei Tage Glückseligkeit, wenn Christus geboren werden will in unseren Häusern und in unseren Herzen, dann dürfen wir nicht so weitermachen wie bisher, dann müssen wir ausbrechen aus all den falschen Gewohnheiten, aus den überkommenen Mustern. Dann müssen wir das Neue wagen – weil Gott es mit uns wagt.
H oder H? Versuchen wir den Aufbruch: »Lasst uns mit den Hirten ziehen«, wie meine Seidenmalerei aus dem Jahr 1994 betitelt ist.

Für den Tag und die Woche

Für wen kann ich zum Hirten werden? Wer in meiner Umgebung wartet darauf, dass ich mich ihm gegenüber öffne und die Bereitschaft zu einem Neubeginn signalisiere?

bekleiden

IV betrachtet

bekleiden

Das griechische Wort »gymnós« hat sich in mehrfacher Weise als Fremdwort in unserer Sprache festgesetzt: Gymnasium, Gymnastik. Das griechische Wort heißt nicht nur »nackt«, sondern auch »sich übend«, daher wohl die beiden Fremdwörter: das Gymnasium als Ort intensiven Sich-Übens – das trifft wohl zu. Dass Gymnastik mit intensiver Übung zu tun hat, braucht man nicht zu erklären.

Nacktheit muss allerdings nicht unbedingt »splitternackt« bedeuten, sondern kann auch »leicht bekleidet« heißen. Meinte das die Schauspielerin Marilyn Monroe, als sie einmal ihr berühmtes Wort sagte: »Es stimmt nicht, dass ich nackt war. Ich hatte das Radio an«?

Aber bei den Werken der Barmherzigkeit ist wohl der Ur-Sinn des Wortes gemeint; denn es geht darum, dass Nackte, also Menschen ohne Kleidung, bekleidet werden. Wer so handelt, dem ist Gottes Himmelreich sicher, so sagt Jesus. Dabei ist es nicht so wichtig, in welchem Maß die Nackten nackt sind, sondern dass es sich um Bedürftigkeit und Armut handelt. Da spielt es wohl auch eine wichtige Rolle, dass diese Art von Armut, nämlich die Nacktheit, eine sichtbare, öffentliche Armut ist. Hunger und Durst sind nicht so öffentlich sichtbar, aber wenn da einer ist, der vor lauter Armut keine Kleidung hat: Das merkt man natürlich! Das heißt aber auch: Wenn man einen Menschen ohne Kleidung oder in sehr ärmlicher Kleidung sieht, kann man sich nicht damit herausreden, man habe es ja nicht sehen können! Doch, Nacktheit ist sichtbare Bedürftigkeit!

Nun denkt man bei Nacktheit vor allem an die Menschen in den armen, heißen Regionen der Erde. So dachte auch der Pfarrer, der seine Gemeinde dazu anhielt, Höschen für die armen, nackten Kinder in Afrika zu spenden. Gut gemeint! Aber wahrscheinlich haben die Kinder in den Armutsgebieten andere, wichtigere Bedürfnisse als ausgerechnet kleine Hosen. Denn Kleidung hat immer auch einen kulturellen Wert, und der ist in den Ländern der südlichen Erd-Halbkugel anders als bei uns Nordlichtern. Auch die Temperatur ist ja ganz entscheidend; vielleicht fühlen sich die Menschen in heißen Gegenden der Erde viel wohler, wenn sie unbekleidet oder leicht bekleidet sind. Denn unsere Kleidung ist ja auch im Winter anders als im Sommer, und wenn wir uns an heißen Sommertagen in die Sonne legen, achten wir ja auch nicht auf einigermaßen vollständige Kleidung.

Es kann sein, dass bei uns der Blick für die Kleidung der armen Menschen etwas gestört ist; es ist gar nicht selbstverständlich, dass wir die Armut eines Menschen an seiner Kleidung bemerken. Ich habe ein paar Mal eine Kleiderkammer der Caritas besucht; ich hatte geglaubt, da käme bestimmt niemand hin, denn – so meinte ich – Kleidung hätten doch alle Leute. Ich habe dort echte Armut gesehen: die Frau, die, als sie ihren Mantel auszog, buchstäblich in Lumpen dastand; die kleinen Kinder einer Aussiedler-Familie, die so angezogen waren, als ob sie die Kleidung ihres Großvaters leicht verändert nachtragen müssten; die Frau, die altersgebeugt so unmöglich angezogen war, dass man fast meinte, sie habe sich für den Karneval hergerichtet. Auch die Caritas-Stellen, die Altkleider sammeln und an bedürftige Menschen weitergeben, haben offenbar sehr viel mit den Bedingungen für den Eintritt in das Gottesreich zu tun.

Offensichtlich ist der Mangel an brauchbarer Kleidung ein uraltes Problem. Denn Jesus hätte dieses Beispiel tätiger Nächstenliebe sicher nicht gewählt, wenn es das Problem des Mangels an passender Kleidung nicht gegeben hätte. Jesus spricht ja einmal von den »Lilien des Feldes«, die schöner gekleidet sind als der König Salomo (Mt 6,28f), und der hatte wirklich keinen Mangel an kostbaren Kleidern. Damit will Jesus wohl sagen, dass schlichte Schönheit wertvoller ist als Pracht und Prunk; nicht die Produkte der ausgefallensten Modeströmungen zeigen wirkliche Schönheit, sondern Schönheit hat etwas mit Charakter und Menschenwürde zu tun. Für den, der keine angemessene Kleidung hat, geht allerdings die Menschenwürde allzu leicht verloren.

Jesus sagt, dass man dem Nackten die Kleidung »überwerfen« solle, ihn »umhüllen« solle. Das erinnert an den heiligen Martin, der das Gebot Jesu wortwörtlich erfüllt hat: Er hat einen Teil seiner eigenen schönen Kleidung einem wenig Bekleideten geschenkt, ein Stück seines Mantels über ihn geworfen und sich damit den Eintritt zum Himmelreich erworben.

Der Kleiderständer mit den leeren Kleiderbügeln steht nackt herum; ob die Sachen, die einmal auf den Bügeln hingen, vielleicht auch denen geholfen haben, die am bedürftigsten waren und die Jesus meinte, als er sich selbst mit ihnen verglich? Er wusste wohl Bescheid: Ihm wurden vor seinem Tod die Kleider geraubt; so wurde er selbst ein besonders Bedürftiger.

IV

erklärt

Von Dieter Geerlings

» Nackte bekleiden

Splitternackt – so steht er an der Bushaltestelle, die Hände nach vorne ausgestreckt, mit weinend verzogenem Gesicht, fröstelnd – ein vielleicht zwölf Jahre alter Junge. Er bettelt die aussteigenden Busreisenden um eine Gabe an.

Dieses Bild aus Rumänien ging vor Zeiten durch die Weltpresse: der nackte Junge als Symbol für Menschen, die nur noch ihre nackte Existenz haben, mit der Kleidung auch ihrer Würde beraubt, als junge Menschen perspektivlos. Nacktheit – so gesehen – ist sichtbarstes Zeichen erniedrigender Armut ... Rumänien? Derzeit wird die Nachricht verbreitet, dass es in Deutschland rund 7000 Straßenkinder gibt, Tendenz steigend. Kinder in Lumpen, die sich tagsüber verstecken ...

»Nackte bekleiden« – eines der sieben Werke der (leiblichen) Barmherzigkeit, von denen Jesus in der großen Weltgerichtsrede spricht. Interessant ist, wenn auch der Zusammenhang ein anderer ist, ein Verweis auf Mt 5,40: »Und wenn dich einer vor Gericht bringen will, um dir das Hemd wegzunehmen, dann lass ihm auch den Mantel.« Im Gegensatz zum Untergewand war der Mantel in Israel nicht pfändbar. Begründet wurde das damit, dass er die einzige Decke für einen Armen sei, um seinen bloßen Leib zum Schlafen zuzudecken (vgl. Ex 22,25f). Der Mensch braucht zu seinem Schutz Kleidung.

Die Mantelteilung des heiligen Martin, um einen Bettler vor dem Erfrieren zu bewahren, ist das Leitbild schlechthin zu diesem Werk der Barmherzigkeit. Dass sich bis heute der Brauch des Martinszuges mit dem Spiel der Mantelteilung erhalten hat, zeigt auch die existenziell tief sitzende Angst davor, nackt dazustehen, schutzlos zu sein, bloßgestellt zu werden.

Die zunehmende Zahl von Kleiderkammern ist Ausdruck einer wachsenden Armut in unserem Land. Die Schere zwischen Reichen und Armen wird größer. Immer mehr Menschen scheinen inzwischen auf das Angebot von Kleiderkammern angewiesen zu sein.

Hier engagieren sich Caritaskonferenzen, Kirchengemeinden, freie Initiativen. Es wird die Erfahrung gemacht: die Werke der Barmherzigkeit sind harte Arbeit, kosten ein Stück des eigenen Lebens. Oft nämlich müssen die Kleiderspenden erst einmal gewaschen und gebügelt werden ...

In weltweiter Perspektive ist bei Kleiderspenden differenziert hinzuschauen. Nicht selten sind Kleiderspenden über die noch nicht voll entwickelten Textilfabriken der »Dritte-Welt-Länder« hergefallen. Das ist eine ruinöse Konkurrenz, die arme Länder ärmer macht. Und als dann aus der Nothilfe ein lukratives Geschäft von gewerblichen Altkleidervermarktern wurde, konnten sich auch die Armen keine Altkleider mehr leisten.

Entwicklungspolitisch engagierte Organisationen wie Caritas, Diakonie oder Rotes Kreuz haben deshalb ein Konzept entwickelt, das regionale Textilmärkte in Ländern der »Dritten Welt« schont und Beschäftigungsinitiativen unterstützt.

Das ehrenamtliche Engagement in diesem Bereich ist weiterhin sehr willkommen. Es gibt immer wieder Katastrophen, bei denen Kleidung fast so wichtig ist wie Nahrungsmittel und Medikamente, um das Überleben von Menschen zu sichern. Aber hier gilt: Vorrang hat der Kauf einheimischer Kleider vor Ort. Der Umgang mit Gebrauchtkleidung – wenn »Nackte bekleiden« auf (welt-)politischer Ebene angegangen wird – will also wohlbedacht sein.

»Nacktheit und Kleidung« eröffnet noch andere Gesichtspunkte. Nacktheit kann vielfältige Funktionen haben. Sie kann zum Beispiel als erotisches Signal empfunden werden. Deshalb wird sie oft durch Kleidung oder bestimmte Körperhaltungen beschränkt. Der Mensch ist von Natur aus nackt. Mit seinem Körper drückt er sich aus. Entscheidend ist für ihn hierbei auch die Kleidung, denn »Kleider machen Leute«. Sie hilft ihm unter anderem, die Schamgrenze zu beachten. Scham wacht über eigene und fremde Privatheit und Intimsphäre. Sie schützt den Kern der Persönlichkeit vor Erniedrigung. Kleidung ist Ausdruck der Person, ihrer Situation usw. Zu unterschiedlichen Anlässen ziehen sich Menschen unterschiedlich an. »Nackte bekleiden« bedeutet dann, die Würde, die Einmaligkeit eines Menschen zu achten, ihn zu schützen, wenn er vor anderen bloßgestellt wird, sich zur Wehr zu setzen, wenn jemandem – auch im übertragenen Sinn – die »Kleider vom Leib gerissen werden«.

In seiner Passion wird Jesus seiner Kleider beraubt, damit er umso ohnmächtiger und erniedrigter erscheint (vgl. Lk 23,34, auch die zehnte Kreuzwegstation). Nicht nur körperliche Schmerzen tun weh. Der entblößte Leib Jesu steht für die Erniedrigung, die Menschen überall und zu allen Zeiten erleiden. Die Schergen in den Konzentrationslagern der Nazis kleideten die Gefangenen absichtlich in Kleider, die nicht passten. Die Gefangenen sollten lächerlich wirken. Sie sollten in ihrer Würde getroffen werden.

»Nackte bekleiden« begegnet als ethische Forderung bereits im Alten Testament. Beim Propheten Jesaja (58,7) steht sie in einem Zusammenhang, in dem es um das rechte Fasten geht. Fasten wurde gewöhnlich verstanden als eine Haltung des Nahrungsverzichts im Blick auf Gott. Hier aber wird Fasten gesehen als ein Handeln, das einen anderen, in Not geratenen Menschen helfend aufrichtet. Das verbindende Element der beiden Auffassungen von Fasten ist die Selbstbeschränkung.

Man kann natürlich auch so weit gehen, dass man Nacktheit deutet als Zustand des gottfernen oder orientierungslosen oder der Sünde verhafteten Menschen. Im biblischen Mythos vom Sündenfall erkennen Adam und Eva nach ihrem Nein gegen Gottes Gebot ihr Nacktsein. Es ist Ausdruck ihrer nicht mehr intakten Beziehung zu Gott, ihrer Selbstentfremdung und Verwundbarkeit. Zeichen für das Bekleiden ist die Taufe, das Taufkleid,

Zeichen der Würde, die der Mensch von Gott her hat. »Zieht den neuen Menschen an, der nach Gottes Bild geschaffen ist« (Eph 4,24).

Jesus bindet in der Weltgerichtsrede die Beziehung zu sich und zu Gott an die Beziehung zum bedürftigen (nackten) Menschen. Der andere wird zum Ausgangspunkt der Gottesrede. Jesus steht für eine Gottesrede, die die Sorge angesichts zum Beispiel des nackten Menschen, der entwürdigten und bloßgestellten Person lebt. Jeder persönlich wie die Kirche insgesamt vollziehen die Beziehung zu Gott darin, wie sie dies leben. Die erste helfende Handlung, die an dem menschgewordenen Sohn Gottes geschieht, ist, seine Nacktheit zu bekleiden: »Sie wickelten ihn in Windeln« (Lk2,7).

Gelebt wird dies durch karitatives Tun wie durch politische Diakonie, das heißt durch anwaltschaftliches Eintreten für Menschen, die ihrer Würde beraubt sind. »Wenn du Kleider freiwillig verteilst, bist du ein Heiliger; wenn du sagst, dass Nackte, Arme ein Recht auf Kleider haben, bist du gefährlich.«

Übrigens muss man nicht unbedingt wissen, dass man mit diesem Werk der Barmherzigkeit Christus dient. Interessant ist: Die Gerechten, die die Werke der Barmherzigkeit gelebt haben, fragen den Menschensohn-Richter ganz erstaunt: »... wann haben wir dich nackt gesehen und dir Kleidung gegeben?« (Mt 25,38). Sie sind überrascht darüber, dass sie Jesus selber geholfen haben, als sie den Notleidenden Gutes getan haben. Jesus aber setzt sich mit dem hilfebedürftigen Menschen gleich, wo auch immer dieser sei.

Die Gerechten haben es aus purer Nächstenliebe getan, ohne einen berechnenden Gedanken z. B. um des himmlischen Lohnes willen oder um Christi willen. »Die Liebe ist umsonst; sie wird nicht getan, um damit andere Zwecke zu erreichen«, schreibt Papst Benedikt XVI. in seiner Enzyklika »Deus Caritas est« (Nr. 31).

Im entscheidenden Augenblick fragt der Menschensohn-Richter nicht nach dem Glaubensbekenntnis, nach rechter Lehre oder Religionszugehörigkeit. Es gilt vielmehr: »Ich war hungrig, und du hast mir zu essen gegeben ... Ich war nackt, und du hast mich bekleidet ...«

Die Kirche aber hat in ihrer Verkündigung allen Menschen und allen Völkern (!) zu erschließen, dass sie im Dienst am notleidenden Menschen Christus begegnen. Denn ohne Hinwendung zu den Armen und Schwachen (bis in die politische Ausgestaltung) ist das Evangelium Jesu Christi nicht zu entziffern.

Laufsteg im Klassenzimmer

Uff, das wäre geschafft. Jens Maybaum wuchtet einen riesigen Karton auf das Pult – ganz schön schwer, das Ding. »Ich habe mir gedacht, heute Morgen machen wir einmal eine kleine Modenschau. Na, was meint ihr?« In der Klasse 7c brandet Beifall auf, vor allem bei den Mädchen. »Aber«, fügt Maybaum hinzu, »ihr kennt mich inzwischen ja.« Er grinst. »Und ich kenne euch. Wenn wir mit dieser Aktion in die Stunde einsteigen, dann nicht nur, um die Zeit rumzukriegen oder weil ich heute keine Lust auf Unterricht habe. Nein, wie fast immer habe ich mir etwas bei dieser seltsamen Eröffnung gedacht. Und nun hoffe ich, dass ihr eurerseits mitdenkt und mir auf die Schliche kommt. Dazu wäre es beispielsweise ganz hilfreich, einmal nach den Gemeinsamkeiten der verschiedenen Outfits zu fragen. Aber nun genug der Vorrede.«

Dann schieben die Schüler ihre Tische zusammen, sodass in der Mitte des Klassenraumes ein richtiger Laufsteg entsteht. Zwei der Stühle dienen als Treppe, um ohne große Verrenkungen auf die Bühne zu kommen. »Na, wer will uns die aktuelle Mode präsentieren?« Maybaum verteilt Kostüme und Anzüge aus dem Karton an Freiwillige, die sich hinter einer Stellwand in Schale schmeißen. »Alles fertig? Dann geht's los.«

Während der junge Lehrer den CD-Spieler anwirft, winkt er zugleich der ersten Schülerin und dirigiert sie auf die Bühne. »Das ist Luisa. Luisa präsentiert uns eine Kollektion aus dem Hause Pinselstrich. Beachten Sie, dass dieser einteilige Maleranzug im Ernstfall nur die Augen freilässt. Da können Sie hemmungslos mit der Farbe hantieren, ohne sich auch nur ein bisschen zu bekleckern!«

Der zweite Schüler ist an der Reihe. Lars poltert nach vorne und beklagt sich über die Wärme unter seiner Verkleidung. Wieder übernimmt Maybaum die Rolle des Conferenciers: »Das ist Lars mit einer Kollektion aus dem Hause Bienenfleiß. Betrachten Sie die besondere Qualität dieses Imkeranzugs. Damit können Sie sich sogar in ein Wespennest wagen, da kommt kein Stich durch.«

Jenny zeigt einen neonfarbenen Regenmantel und Maik einen Strahlenschutzanzug: War verdammt nicht leicht, den auszuleihen. Um das letzte Modell hätte es beinahe eine kleine Schlägerei gegeben. Alle Jungs hätten es gern einmal übergezogen: »Das ist Jonathan. Er präsentiert uns eine Kollektion aus dem Hause Freund und Retter. Diese Weste ist garantiert schusssicher. Sehr zu empfehlen im Kugelhagel und bei zukünftigen Schwiegermüttern.« Als Jonathan den zusammengeschobenen Laufsteg verlassen hat, springt Maybaum selbst auf die Tische. »Das ist Jens. Er präsentiert eine Kollektion aus dem Hause 08/15. Bitte achten Sie nicht auf mögliche Schweißränder unter den Achseln, er zieht morgen ein frisches Shirt an!« Die Klasse lacht.

»Aber mal im Ernst«, sagt der Lehrer dann, »habt ihr mögliche Gemeinsamkeiten erkannt?« Die Jugendlichen überlegen. »Mit Ihnen oder ohne Sie?«, will einer der Schüler wissen. »Natürlich mit mir«, erklärt Maybaum. »Schade«, zieht der Junge seine halb erhobene Hand zurück. »Dann weiß ich's nicht.« – »Aber sonst hättest du eine Idee gehabt?«, fragt der Pädagoge nach. Der Schüler nickt. »Dann erzähl doch mal!«

»Naja, alles sind Schutzanzüge oder Schutzkleidungen gewesen«, sagt Maik. »Gut!« Maybaum nickt anerkennend. »Und warum passe ich nicht in diese Reihe? Haben meine Klamotten nichts mit Schutz zu tun?«

Für einen Augenblick müssen die Jugendlichen überlegen. Dann sagt Luisa: »Naja, eigentlich schon. Sie schützen vor Sonne und Regen oder vor kalten Temperaturen. Aber das ist so selbstverständlich, dass man sich kaum noch Gedanken darüber macht. Heute geht's ja nicht mehr um die Frage, ob man etwas anhat, sondern darum, was man anhat.«

»Könnt ihr euch denn jetzt vorstellen, auf welche Spur uns diese kleine Aktion führen soll? Was steht dieses Mal wohl auf unserer Fußspur?«

»Menschen schützen?«, schlägt Jenny vor. »Ja, darum geht es letztlich«, erklärt der Lehrer. »Aber die eigentliche Forderung ist noch viel einfacher.« – »Nackige bekleiden?«, fragt Lars mit einem breiten Grinsen. »Vollkommen richtig«, lobt Maybaum. »Kleidung dient seit jeher als Schutz gegen alle möglichen Gefahren und Widrigkeiten.«

»Mitunter wird auch der Mensch selbst als lebendiges Schutzschild bezeichnet«, führt Maybaum das Unterrichtsgespräch fort. »Lasst uns doch mal überlegen, wo wir schützend einspringen können!«

Anregungen

> In der Familie

Kreativ: Basteln Sie sich ein Spiel zum Thema »Zivilcourage«. Jedes Familienmitglied bekommt eine Anziehpuppe aus Papier. Wer sich in Kindergarten, Schule oder im Alltag schützend vor einen anderen stellt, darf seiner Puppe ein Kleidungsstück anziehen und so gleich doppelt »Nackte bekleiden«.

> Im Familienkreis

Wie wär's mal mit einem Kleiderbasar im Familienkreis oder Pfarrheim? Entweder als »Tauschhandel« oder als Geschäft mit Gewinn – der Erlös geht an die Kleiderkammer oder ein Hilfswerk.

> Im Familiengottesdienst

Natürlich kann man auch in einen Gottesdienst mit der beschriebenen kleinen Modenschau einsteigen. Um den Aufwand zu senken, reichen eventuell auch Helm, Schutzbrille, Ohrschützer, Kittel oder Arm-/Knieschoner. Je nach Alter der Kinder können in der Katechese auch verschiedene Schutzmöglichkeiten der Kleidung erarbeitet werden – Sonnenhut, Regenmantel, Schneeanorak etc. So wird selbst Kleineren deutlich, warum Nackte bekleidet werden wollen.

Todd, Tami und ich

Als ich im Alter von 19 Jahren nach Münster gezogen war und dort mein Studium aufgenommen hatte, erschloss sich mir eine völlig neue Welt, und das in vielerlei Hinsicht. Unter anderem entdeckte ich das Kino für mich – es hatte bis dato kaum eine Rolle in meinem Leben gespielt. Ganze zwei Mal war ich in meinen ersten 19 Lebensjahren in einem Kino gewesen, einmal – als Zehnjähriger – während eines Borkum-Urlaubs in Walt Disneys »Bernhard und Bianca«, das andere Mal – mit 14 – in den »Supernasen«. Und die hatte ich auch nur gesehen, weil es zum Weltspartag Freikarten von der Volksbank gab. Ich selber hätte – geizig wie ich war – niemals Geld für Filme ausgegeben, die ein paar Monate später auch im Fernsehen gezeigt wurden.

In Münster entdeckte ich dann, dass das Kino doch viel mehr zu bieten hatte, als wenn ich einen Film vor der heimischen Mattscheibe verfolgte: Es war mitunter wirklich wie ein Eintauchen in eine fremde Welt, wenn man erst einmal in den bequemen Samtsesseln saß, wenn das Licht im Saal langsam ausging und der Vorhang vor der großen Leinwand zur Seite gezogen wurde. Ich stellte alle mir zur Verfügung stehenden Sinne auf Empfang, so begierig war ich nach den Bildern, Stimmen und Effekten, die auf mich warteten. Vielleicht erinnere ich mich deshalb auch so gut an manche Szenen aus den ersten Filmen, die ich damals in Münster gesehen habe.

Mein uneingeschränkter Lieblingsfilm in jener Zeit war »Der Club der toten Dichter«. Der Film beschreibt die Geschichte eines jungen, von Robin Williams gespielten Lehrers, der mit neuen, mitunter revolutionären Gedanken und Unterrichtsmethoden an eine traditionelle Eliteschule kommt. Im Literaturunterricht ist es ihm ein Anliegen, nicht nur die Texte alter Meister zu lesen und zu analysieren, sondern den Schülern selbst eine Stimme zu geben – damit sie sich die wunderbaren Möglichkeiten der Sprache zu eigen machen.

Einer der Schüler, Todd Anderson (Ethan Hawke), aus gutem Elternhaus stammend und einer der Jüngsten der Klasse, geht mit gemischten Gefühlen in jede dieser Unterrichtsstunden. Einerseits ist er fasziniert von den ungewohnten Methoden seines Lehrers, andererseits hat er permanent Angst, etwas falsch zu machen: Sein älterer Bruder war ein absoluter Musterschüler im Internat, nun wird er ständig an dessen Leistungen gemessen. Und das bedeutet immer neue Versagensängste …

Eines Tages spricht der Lehrer seinen Schüler auf diese Angst an. Eine Angst, die stellvertretend steht für so viele Sorgen in Andersons Leben. Der Pädagoge ermuntert den Jungen in einer eindringlichen Szene, Worte für seine Gefühle zu finden. Zunächst weigert Todd sich. Aber als die innere Sperre überwunden ist, findet er eine Sprache für seine Angst: »Es ist, als wenn du in einem warmen Bett liegen würdest, und jemand versucht, dir die Bettdecke wegzuziehen. Du hast Angst vor der Blöße und Kälte, aber so sehr du dich auch zu wehren versuchst, der andere ist immer stärker als du … «

Dass mich diese Szene noch aus einem anderen Grund zutiefst berührt hatte, sollte ich erst Jahre später erfahren. Dazu musste ich erst krank werden, sehr krank, und an die Grenzen meines Lebens stoßen. Auf einmal waren sie wieder da, all die Bilder aus Kindertagen, die ich so viele Jahre und Jahrzehnte verdrängt hatte. In meinen Träumen holten sie mich ebenso ein wie in scheinbar harmlosen Situationen mitten am Tag, und plötzlich erinnerte ich mich – wie ich im Alter von drei Jahren mit einem Leistenbruch im Krankenhaus lag, ohne meine Eltern, die nur ab und zu kommen und mich durch ein kleines Fenster beobachten durften. Da es keine Kinderstation gab, stand mein Bett-

chen verloren in einem der großen Männerschlafsäle. Grund genug für einen Dreijährigen, sich die Seele aus dem Leib zu schreien.
Das allerdings rief den Unwillen einiger Mitpatienten hervor, die sich wiederum einen Spaß daraus machten, nun zu testen, was mich zum Schweigen oder zum Schreien bringen würde. Während einer der Herren an der Zimmertür Schmiere stand – nicht, dass eine der Krankenschwestern ihr ach so lustiges Spielchen plötzlich störte – rissen mir die anderen die Bettdecke vom Leib. Ich glaube zu wissen, was Todd Anderson meinte, als er davon sprach, wie das ist, wenn jemand versucht, die Bettdecke wegzuziehen – im realen und übertragenen Sinn.
Im 21. Jahrhundert mag die Forderung, »Nackte zu bekleiden« zumindest in unseren Breiten fremd anmuten – wer sich selbst nicht die nötige Kleidung leisten kann, der findet zumindest in vielen Kleiderkammern eine reiche Möglichkeit, seinen Körper zu bedecken. Aber Kleidung bedeutet ja – nicht nur im übertragenen Sinn – immer auch Schutz.

Angesichts meiner eigenen Erfahrungen habe ich vor einigen Jahren eine Geschichte für ein Grundschulprojekt geschrieben – und die Comic-Schildkröte Tami erfunden, die unter den zweifelhaften Annäherungsversuchen ihres Onkels Bernd zu leiden hat. Der eklige Onkel lässt nichts unversucht, um Tami zum Ablegen ihres Panzers zu überreden – er möchte sie so gern einmal ohne sehen. Aber Tami gibt sich diese Blöße im wahrsten Sinne des Wortes nicht. Mutig und pfiffig zugleich zeigt sie dem Schilkrötenonkel Grenzen auf – und motiviert alle Kinder, sich ihrerseits nicht die Bettdecke wegziehen zu lassen.

Für den Tag und die Woche

Gibt es jemanden in meiner Umgebung, der besonders schutzbedürftig ist und meine besondere Aufmerksamkeit und Solidarität braucht?

pflegen

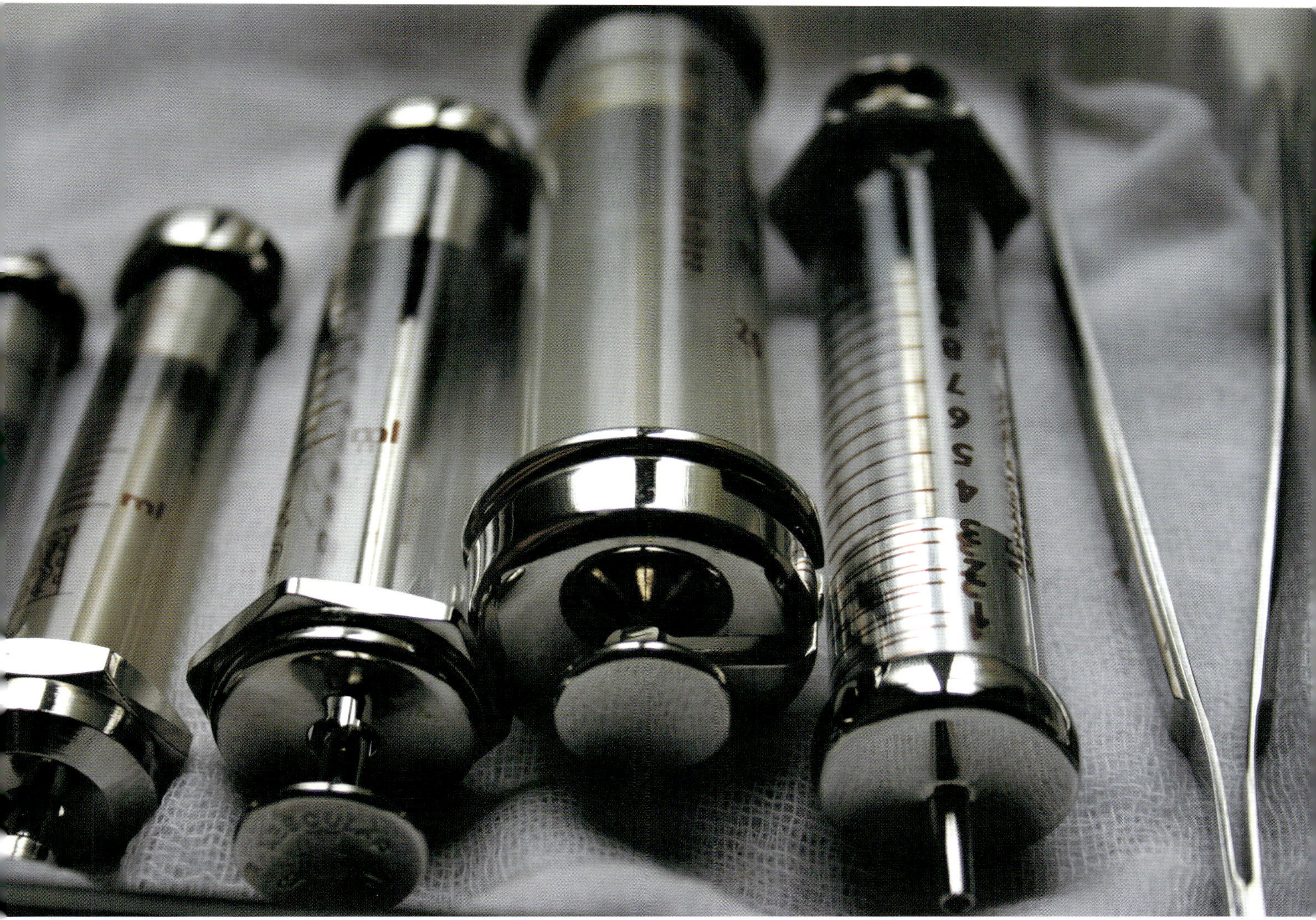

V betrachtet

pflegen

Einerseits ist dieses fünfte »Werk der Barmherzigkeit«, die Pflege der Kranken, eine Selbstverständlichkeit; da werden auch viele Menschen zustimmen, die nicht unbedingt der Sache Jesu dienen und sich nicht unbedingt einen Platz im Himmelreich sichern möchten; aber dass man Kranke pflegt, ist in unserer mitteleuropäischen Zivilisation eine pure Selbstverständlichkeit. Außerdem ist es ein Stück großartiger christlicher Tradition; denn das Pflegen der Kranken gehört seit den Anfängen des Christentums zu den vornehmsten Aufgaben christlicher Gemeinden. Die ersten echten Krankenhäuser, in denen Kranke nicht nur aufbewahrt, sondern gepflegt und möglichst geheilt wurden, sind während der ersten Jahrhunderten in Kleinasien in christlichen Gemeinden gegründet worden.

Andererseits entspricht dieses selbstverständliche Gebot christlicher Nächstenliebe nicht ganz dem Text in der Weltgerichtsrede im 25. Kapitel des Matthäus-Evangelims. Da sagt Jesus nämlich: »Ich war krank, und ihr habt mich besucht.« Ist das Besuchen nun mehr oder ist es weniger als das Pflegen von Kranken? Am Besten sprechen wir vom »Dienst an den Kranken«, da ist alles gemeint, was das Verhältnis von Gesunden und Kranken zueinander betrifft.

Die Krankenpflege ist heute zu einer professionellen Tätigkeit, zu einem sozialen Beruf geworden. Wer Kranke pflegt, muss das gründlich gelernt haben. Auch wer zu Hause einen Kranken pflegt, muss sich darauf einstellen, muss sich Kenntnisse erwerben, sowohl medizinisch als auch psychologisch-geistig, und das ist oft noch wichtiger. Wenn eine Mutter allerdings ihr krankes Kind pflegt, macht sie das mit mütterlichem Instinkt; Mütter wissen, was ihr Kind braucht, wenn es krank ist.

Aber auch der Pflegedienst an Kranken besteht nicht nur aus medizinisch-technischen Handgriffen, wie man sie beim Erste-Hilfe-Kursus lernt. Der Krankendienst erfordert neben vielfältigen Fähigkeiten auf medizinischem Gebiet vor allem seelisches Einfühlungsvermögen, und manchmal ist das Gespräch mit dem Kranken wichtiger als die Spritze – oder jedenfalls genau so wichtig. Es ist ein Jammer, dass in unseren Krankenhäusern das Pflegepersonal so belastet ist, dass es kaum Zeit findet, sich ans Krankenbett zu setzen und mit dem Kranken über seine seelische Not zu sprechen. Das haben, als der Alltag im Krankenhaus noch nicht so aufreibend war, die Ordensschwestern glänzend gemacht. Es ist übrigens interessant, dass auch heute noch die Krankenpflegerinnen, auch wenn sie keinem Orden angehören, mit »Schwester« angeredet werden; irgendwie hat das Verhältnis von Krankem und Pflegendem etwas mit geschwisterlicher Sorge zu tun.

Da sind oft die Besuchsdienste sehr hilfreich, die es in vielen Kirchengemeinden gibt. Und man merkt daran, dass das Pflegen und das Besuchen nicht zwei völlig verschiedene Tätigkeiten sind, sondern sich gut ergänzen.

Als Jesus das Wort vom Krankenbesuch als dem Zugang zum Himmelreich sprach, waren die Kranken in einer sehr misslichen Lage. Denn in der Religion Jesu galt Krankheit oft als Strafe für Sünden. Und man ging, wahrscheinlich aus eben diesem Grund, mit Kranken oft sehr brutal um: Aussätzige wurden aus der menschlichen Gemeinschaft ausgeschlossen und vor die Ränder der Stadt geschickt. Jesus wehrte sich gegen diese Gleichsetzung von Krankheit und Schuld, aber sein Kampf gegen solche Vorurteile war ein harter Kampf. Gut, dass wir heute anders darüber denken – oder vielleicht doch nicht? Eine schwerkranke Frau sagte mir vor einiger Zeit: »Warum passiert das gerade mir? Ich habe doch nichts verbrochen! Womit habe ich das verdient?« Das ist eigentlich die Mentalität der Zeitgenossen Jesu, und sie ist in den 2000 Jahren seitdem nicht völlig überwunden, allerdings wohl nicht als Unterstellung anderen gegenüber, sondern als Selbstbezichtigung eines Menschen, der insgeheim doch meint, Krankheit sei ein verdientes, weil schuldbeladenes, oder ein unverdientes Schicksal.

Ich erlebe als Pfarrer oft kranke Menschen und bin immer erstaunt, dass sie sich fast immer richtig freuen über den Besuch. Oft kommt es zu tiefen Gesprächen, manchmal bleibt das Gespräch eher an der Oberfläche; das sind wohl einfach unterschiedliche Mentalitäten. Aber die wesentlichsten seelsorglichen Gespräche habe ich mit Kranken geführt, und mir scheint, dass das etwas mit der Grenzsituation der Krankheit zu tun hat. Bei Gesunden sind nämlich solche Gespräche gar nicht so selbstverständlich; da fühle ich mich manchmal sehr unwillkommen. Aber Krankheit schafft offensichtlich Nähe und gegenseitige Zustimmung: ein Stück von jenem Himmelreich, das Jesus anbietet.

Ich kann mir nämlich gut vorstellen, dass das geschwisterliche Miteinander in der Ausnahmesituation der Krankheit – im Pflegen und Besuchen, im Leiden und im Fragen – ein bisschen Himmel ist.

V

erklärt

Von Gerd Fasselt

» Kranke pflegen

»Heilt die Kranken!« Das ist bleibender Auftrag Jesu Christi an seine Kirche. Selbst auf der Höhe griechischen Menschentums blieb der Kranke und Sieche einer vorpersönlich-biologistischen Wertung unterworfen. Die Sorge des griechischen Arztes galt nicht dem Kranken als leidendem Menschen, sondern dem Schutz der durch die Krankheit gefährdeten vielgliedrigen Ordnung der Harmonie. Der Arzt soll seine Hilfeleistung nicht an Unheilbare verschwenden, sondern in erster Linie Vorsorge und Fürsorge tragen für die Gesunden.

Leben und Botschaft Jesu markieren in der Sorge um den Kranken eine radikale Wendung. Das Neue Testament bezeugt ihn als einen besonderen Freund der Armen, der Schwachen, der Kranken und Notleidenden: »Er heilte alle Krankheiten und jegliches Gebrechen unter dem Volke« (Mt 4,23). Ja, Jesus identifiziert sich selbst mit den Geringen und Hilfsbedürftigen. Das heißt, dass die Werke der Barmherzigkeit, die an den Notleidenden und Kranken getan oder nicht getan wurden, ihm selbst getan oder verweigert waren (Mt 25). Jesus rettet die Kranken, indem er sie heilt (Mt 9,21).

Das Wesentliche ist der Glaube an ihn; ihr Glaube bringt den Kranken Heilung. Doch Jesus schenkt ihnen nicht allein körperliche Gesundheit, sondern in einem umfassenden Sinn das Heil: »Der Menschensohn ist gekommen, um zu suchen und zu retten, was verloren ist« (Lk 19,10).

Diese von Jesus Christus gebrachte und von seinen Jüngern verlangte Liebe bedeutete für den antiken Menschen etwas überraschend Neues, das ihn im Tiefsten betraf und seine Stellungnahme herausforderte. Eindrucksvoll zeigt sich die liebevolle Hinwendung Jesu in seiner Begegnung mit dem Aussätzigen (Mt 1,14ff), indem er seine Hand ausstreckt und den Kranken gegen die Vorschrift des Gesetzes berührt. In diesem Tun zeigt sich nicht der Eros des Griechentums, sondern die Liebe, die sich der Not dieses Menschen erbarmt. Jesus begnügt sich nicht damit, die Kranken und Leidenden auf einen Ausgleich im »Jenseits« zu vertrösten, sondern er hilft ihnen, indem er sie von Krankheiten und Dämonen befreit. Er lässt sich auf die Nöte der Menschen ein und zeigt ihnen in ihrer geschichtlich-irdischen Notsituation ihre Heillosigkeit und Hilfsbedürftigkeit, der

allein Gott abhelfen kann. So können sie »einen ersten Schritt auf die von ihm verheißene Lebensfülle hin tun« (Karl Kertelge).

Wort und Verhalten Jesu sind für die Glaubenden und die Kirche bleibender Auftrag und Maßstab. Allerdings hat sich diese Liebe nur langsam gegen die bis dahin geltende Abwertung des Kranken durchsetzen können, und immer wieder wurden seine Bewertung und Behandlung vom Denken und vom Gesetz des Früheren geprägt. Die Lage der Aussätzigen im Mittelalter gibt ein beredtes Zeugnis davon. In jüngerer Zeit hat Friedrich Nietzsche die Minderwertigkeit der Schwachen und Kranken neu herausgestellt, indem er die Haltung Jesu als dekadent bezeichnete. Im gleichen Sinn der Entwertung des Einzelnen wirkt die Entwicklung der naturwissenschaftlichen Medizin, die den kranken Einzelmenschen in seiner Personalität aus ihrer Betrachtungsweise ausklammerte. Ihr ging es um die »Liebe zur Sache«, während die »Liebe zum Menschen« als störend und verfälschend empfunden wurde.

Dennoch hat sich dann in vielen Jahrhunderten die neu vom Geist des Christentums geprägte Sorge um die Kranken Bahn gebrochen, für die jeder Mensch ein einmaliger Wert darstellt, auch wenn der Leib in unheilbarem Siechtum verfällt. Immer ging es dem christlichen Verständnis von Krankheit und Leid entsprechend nicht allein um Heilung und Gesundung, sondern um Heilung und Selbstfindung des Menschen zum erneuten Dienst vor Gott und zu einem Leben und Handeln aus dem Geist Jesu. In der leiblichen und seelischen Heilung sollte der Mensch seine Geschöpflichkeit tiefer verstehen lernen und zu einer Dankbarkeit gegenüber dem Schöpfer hin finden. Es ging immer um das Heil des ganzen Menschen.

Und so hatte der Priester in der Sorge um die Kranken immer seine hervorragende Aufgabe und seinen unaufgebbaren Ort.

Die Botschaft vom umfassenden Heil hat es schwer, wenn angesichts der fortschreitenden Säkularisierung Gesundheit ausschließlich auf körperliche Gesundheit reduziert, »Lebensqualität« allein in der Abwesenheit von Leiderfahrungen angestrebt und Krankheit, Leid und Tod gerade als der Gegenbeweis gegen den heilschaffenden und aufrichtenden Gott betrachtet werden.

Auch für mich ist Gesundheit ein hohes Gut und der medizinische Fortschritt ein wirklicher Segen. Dankbar möchte ich betonen, dass das medizinische Bemühen um Gesundheit und Heilung im Alltag der Klinik gepaart ist mit dem verantwortungs- und oft auch liebevollen Handeln der Ärzte, der Pflegenden und vieler helfender Dienste. Der enorme Aufwand an Personal, Zeit, Wissen und Geld zur Erhaltung und Wiederherstellung der Gesundheit kann uns nur dankbar machen. Er bestätigt unsere Einstellung und unsere Wertschätzung der Gesundheit, die sich im Alltag zumeist ausdrückt in dem Wunsch: »Und ich wünsche dir vor allem Gesundheit. Sie ist ja das Wichtigste im Leben.«

Allerdings erfüllt mich bei aller Plausibilität dieses Wunsches in zunehmendem Maße ein Unbehagen, und eine Reihe von Fragen werden unausweichlich: Was ist, wenn die körperliche Gesundheit nicht oder nicht mehr zu erreichen ist? Bei einer großen Zahl der Menschen, die uns als Patienten begegnen, ist das der Fall. Einmal wird es bei jedem von uns so sein. Viele Menschen sind im Sinne körperlicher Unversehrtheit nie gesund gewesen. Und deshalb frage ich mich: Finden wir eine Einstellung auch zum begrenzten, zum »abschiedlichen« Leben? Bleiben uns in den unvermeidbaren Lebenskrisen allein Verdrängung, Flucht, Angst, Verzweiflung oder Abwertung?

In diesem Zusammenhang ist mir das heute so oft gebrauchte und angestrebte Kriterium der »Lebensqualität« problematisch und verräterisch. Im Blick auf uns alle frage ich mich nach den Kräften und Einstellungen, die es den Menschen heute ermöglichen, auch das begrenzte, nicht gesunde Leben zu bejahen und gerade auch in der Leiderfahrung eine ganz neue, andere Qualität des Lebens, einen Lebenssinn zu entdecken und Heil zu finden, auch wenn die körperliche Heilung nicht erreichbar ist.

Als Priester und Seelsorger beschäftigt mich nicht zuletzt die Frage, wie es um die »Heilkraft des Glaubens« bestellt ist. All die Menschen in ihrem Verlust der Gesundheit und in einer wirklichen Lebenskrise werden mit ihren Fragen zur Herausforderung und zur Anfrage an alle, die ihnen Begleiter sein wollen und sollen. Welche Einstellung prägt uns selbst? Und mit welcher Wertschätzung begegnen wir den nicht – und nicht mehr – Gesunden?

1791 – mitten in einer Zeitenwende – hat der große Theologe und spätere Bischof von Regensburg, Johann Michael Sailer, allen Begleitern von Kranken das bis heute gültige Wort gesagt: »Du kannst den Hilflosen nicht helfen, wenn es dir selbst an Weisheit mangelt, die dem Mangel, wo immer sie kann, abhilft.« Und er fügt hinzu: »Du kannst den Trostlosen nicht trösten, wenn du selbst von allem himmlischen Trost entblößt bist.«

Trost und Weisheit sind gefragt, wenn das Leben in und mit Grenzen lebenswert und sinnvoll erfahren und gemeistert werden soll. Gesundheit ist nicht Selbstzweck und Selbstwert, sondern es geht um die Einheit von Gesundheit, Krankheit und rechter Sinngebung des Lebens, wie sie im Glauben gefunden werden kann.

Von den Menschen früherer Jahrhunderte sagt der Medizinhistoriker Dietrich von Engelhardt: »Für das christliche Mittelalter steht die Auseinandersetzung mit Krankheit und Sterben im Zentrum ... Der Glaube an die Auferstehung mildert das Leiden im Kranksein und die Angst vor dem Sterben. Er verleiht Gesundheit, Krankheit und Heilung einen heilsgeschichtlichen Sinn. Hinter jeder Krankheit und jedem Sterben steht tröstend die ›Passio Christi‹ (das Leiden Christi), hinter jedem Arzt leitend ›Christus medicus‹ (Christus als Arzt).«

Diese Einheit, dieses Ineinander von Geist und Leib, ist seit langem und weithin zerbrochen. Ohne eine unzulässige Verallgemeinerung vorzunehmen, kann ich nach den langen Jahren meiner seelsorgerlichen Tätigkeit doch sagen, dass ein Großteil der Menschen heute unfähig geworden ist, sich mit Lebenskrisen auseinanderzusetzen. Bei einem gleichzeitigen unübersehbaren Misstrauen gegenüber den großen medizinisch-technischen Möglichkeiten unserer Zeit richten sich doch häufig alle Erwartungen auf die vermeintlich allmächtige Medizin. Nicht wenige Zeitgenossen missverstehen Gesundheit als medizinisch und technisch ganz machbares Gut. Gesundheit und Therapie werden zu einer Ware und zu einer Sache verdinglicht, zu einem Konsumgut, auf das man unter den heutigen Bedingungen der Versicherung und der Sozialmedizin Anspruch hat. Das »technomorphe« Krankheitsverständnis, wie es Dietrich von Engelhardt nennt, führt angesichts der existenziellen Infragestellung durch eine schwere Krankheit und durch Schicksalsschläge eher zu vielfältigen Verdrängungen, zu dumpfem Schweigen und zu Verständnislosigkeit als zu einer Sinnsuche und einer positiven Annahme.

Diese langen unmittelbaren Beobachtungen und Erfahrungen führen mich zu dem Fazit, dass Gesundheit eben doch nicht alles ist. Und erst recht dann nicht, wenn sie in einem Boom von Bodybuilding-Instituten und Fitness-Centern und in einer Zeit unübersehbarer Vergötzung des Leibes fast ausschließlich auf körperliche Gesundheit reduziert wird. Gesundheit ist ja doch immer relativ. Krankwerden und Sterben gehören zu unserem Leben unentrinnbar dazu. Sie bleiben uns Schicksal, und sie bleiben uns Herausforderung.

Deshalb bedarf auch heute und gerade heute der kranke Mensch neben dem pflegerisch-medizinischen Bemühen der verständnisvollen und liebevollen Begleitung und auch des spezifisch-seelsorgerlichen Dienstes in der gemeinsamen Feier des Glaubens, in Gebet, Handauflegung und Salbung mit dem geweihten Öl, um in seiner gesamtmenschlichen Gefährdung zu Heilung und Heil zu gelangen.

Ich möchte wünschen, dass alle Begleiter von Kranken den Blick für die ganze Wirklichkeit des kranken Menschen und für die Mitte des Glaubens zurückgewinnen, und ich möchte viele Christen zu einem Reden und Tun im Geiste Jesu ermutigen. Dazu können die Wochen der österlichen Bußzeit und das Zugehen auf das Fest der Auferstehung Anstoß und Einladung sein, damit in der Sorge um die Kranken und durch die Wertschätzung ihrer Würde der Glaube an den prägend bleibt, der »Freund des Lebens« (Weish 11,26) ist.

V

gelebt

Frau Cubes Löffel-Attacke

An diesem Morgen hat Jens Maybaum einen Gast mit in den Unterricht gebracht. »Hier möchte ich euch Herrn Cramer vorstellen«, führt er den Fremden ein. »Ihr wisst ja, manchmal bekommen wir Lehrer Besuch von der Schulbehörde. Nicht nur ihr sollt von Zeit zu Zeit kontrolliert werden – das ist auch im Blick auf einen guten Unterricht wichtig.« Er grinst. »Aber ansonsten läuft alles ganz normal. Ihr strengt euch genauso an wie sonst«, er zwinkert den Schülern zu, »und auch ich versuche, mein Bestes zu geben.«

Während Herr Cramer im Hintergrund des Klassenzimmers Platz nimmt, zieht Maybaum ein Kästchen mit Losen aus der Tasche. »Ich möchte heute gern ein kleines Experiment mit euch machen«, sagt er und erklärt die Bedingungen. »Auf jedem Zettel findet ihr ein Körperteil oder ein Sinnesorgan. Stellen wir uns einmal vor, dass genau dieses Körperteil oder Organ bei euch heute nicht funktioniert. Also: Wenn auf eurem Zettel ›Auge‹ steht, könnt ihr heute nichts sehen und bekommt die Augen verbunden. Wer den Zettel ›Arm‹ erwischt, hat denselben gebrochen. Zumindest in unserer Vorstellung. Okay?«

So verteilt Maybaum an alle Schüler entsprechende Handicaps und startet mit dem eigentlichen Unterricht. Natürlich ist es kein Zufall, dass der junge Lehrer bei den jeweiligen Fragen und Aufgaben immer gerade jene Schüler aufruft, die an diesem Tag auf dem entsprechenden Gebiet unpässlich sind – aber das wissen die Jugendlichen nicht. Die »blinde« Luisa soll ein Bild beschreiben – aber sie sieht ja nichts. Da müssen ihre Banknachbarn schon intensiv einflüstern. Maik wird an die Tafel gebeten – zu dumm, dass er mit gebrochenem Bein nicht allein nach vorn kommen kann. Jonathan und Lars müssen ihn tragen: »Mann, bist du schwer!« Alle geben sich größte Mühe und kommen gehörig ins Schwitzen: Schließlich wollen sie ihren Lieblingslehrer nicht vor Herrn Cramer bloßstellen. Was soll der denken – dass Maybaum den Überblick verloren hat und in der Klasse das Chaos herrscht? Dass das Experiment ziemlich schiefgegangen ist, ausgerechnet heute?

Jeder versucht sein Möglichstes. Erst als Jenny, die an diesem Morgen den Arm »gebrochen« hat, die schweren Bibeln austeilen soll und anfängt zu weinen, hat Maybaum ein Einsehen mit den Schülern und beendet das

Experiment: »Wir müssen es ja auch nicht übertreiben«, sagt er. »Aber was ich schon gern von euch wüsste: Wie habt ihr euch gefühlt?«
Für einen Moment sind die Schüler befangen. Was, wenn sie die Wahrheit sagen – was wird Herr Cramer denken? Aber nachdem Maybaum sie noch einmal aufgefordert hat, möglichst ehrlich zu sein, beschreiben sie ihre Gefühle ohne falsche Rücksichtnahme: »Schrecklich.« – »Total gehandicapt.« – »So eingeschränkt.« – »Hilflos.« – »Absolut abhängig.«
»Ist das vielleicht auch das Gefühl, das man hat, wenn man krank ist?«, hakt Maybaum nach. Einige murmeln, viele nicken bestätigend.
»Danke.« Maybaum verbeugt sich vor der Klasse. »Ich finde, das Experiment ist echt gelungen. Dazu war es vor allem wichtig, dass ihr euch so gut wie möglich angestrengt habt. Dass ihr euer Bestmögliches geben würdet. Und dafür bin ich euch sehr dankbar.« Er lächelt.
»Aber ich wollte euch an das Gefühl erinnern, wie es ist, wenn man an seine Grenzen stößt. Wenn man gern anders würde – aber nicht kann. Wenn man absolut von anderen abhängig ist. So geht es uns Menschen, wenn wir krank sind. Darum heißt die fünfte Spur« – er zieht sie hervor – »›Kranke pflegen‹. Wer selbst gehandicapt ist, der braucht andere, die ihn unterstützen. Das gilt für alle Kranken, aber vor allem für alte Menschen, die die Einschränkungen besonders spüren.«
Und dann erzählt Maybaum, wie er als Schüler seinen Sonntagsdienst im Krankenhaus abgeleistet hat. »Irgendwann bin ich auch bei der alten Frau Cube gelandet, die mich mit ihrem Frühstücksgeschirr beworfen hat! Hier, die kleine Narbe vom Eierlöffel sieht man noch!«
Er erzählt, dass die alte Dame damals schrecklich gefrustet gewesen sei – weil ihr Sohn und ihre Enkel sie noch nicht einmal im Krankenhaus besucht hatten. »Und da habe ich ihre ganze Enttäuschung zu spüren bekommen!« Maybaum grinst. »Nach der Löffel-Attacke hat sie schrecklich geweint. Und dann habe ich ihr vorgeschlagen, dass ich sie ja von nun an regelmäßig besuchen könnte. Und das habe ich getan, auch, als sie entlassen worden ist. Bis zu ihrem Tod vor einem Jahr haben wir uns regelmäßig getroffen.«

Anregungen

> In der Familie
Was Maybaum und seine Klasse für eine Stunde ausprobiert haben, halten Sie vielleicht noch ein bisschen länger aus. Dabei geht es weniger darum, »krank« zu spielen, als vielmehr darum, die Aufmerksamkeit füreinander zu schulen. Ein hilfreiches, kommunikatives Training für den nächsten Ernstfall!

> Im Familienkreis
Sammeln Sie doch einmal Anregungen, was Sie mit Ihren Kindern (Männern? Frauen?) machen, wenn die krank sind. Vielleicht protokolliert jemand die Ideen und druckt sie für alle aus – ein hilfreiches kleines Sammelsurium.

> Im Familiengottesdienst
Starten Sie eine Aktion »Trostpflaster«. Dazu werden im Vorfeld (möglichst große) Heftpflaster mit Foliestiften beschrieben und so zu kleinen Gutscheinen umgewandelt: »eine Geschichte vorlesen«, »die Hausaufgaben erklären«, »eine Stunde den Rollstuhl schieben« etc.. (Achten Sie darauf, dass möglichst alle Generationen angesprochen und beteiligt sind!) Im Gottesdienst (oder danach) darf sich jeder mit Gutscheinen eindecken, die er verschenken (und einlösen!) will.

Vom Sturm auf dem See

Während der Priesterausbildung muss jeder Priesteramtskandidat auch mehrere Praktika absolvieren. So soll er verschiedene Arbeitsfelder der Gesellschaft kennen lernen. Gleichzeitig erlebt er dabei, wie vielfältig der Dienst am Menschen aussehen kann – vier Wochen im Betrieb, vier Wochen in Krankenhaus oder Altenheim und vier Wochen in der Gemeindeseelsorge stehen auf dem Programm und bieten die Chance, den Horizont nicht nur theoretisch zu weiten – wie es sonst während der Studienjahre zumeist geschieht.

Ich habe mein »Sozialpraktikum« im Oelder Marienhospital gemacht – mit allem was dazu gehört, d. h. mit weißem Kittel, Schichtdienst auf der Station und all den Aufgaben, um die sich auch Krankenschwestern, Pfleger und Zivildienstleistende kümmern: Patienten waschen, Bettpfannen ausleeren, Blutdruck messen und Essen austragen.

Daneben habe ich mich regelmäßig mit Schwester Maria getroffen, die als Krankenhausseelsorgerin im Marienhospital arbeitete. Sie war mir eine gute Anlaufstation und half, die vielen neuen Eindrücke zu verarbeiten.

Eines Tages kam Schwester Maria ihrerseits mit einer Bitte zu mir: Sie habe wohl schon seit drei Jahren keine Exerzitien mehr gemacht – es hätte sich einfach keine Vertretung gefunden, und allein lassen wollte sie die Kranken auch nicht. Ob ich nicht bereit sei, für acht Tage ihre Arbeit zu übernehmen, also die täglichen Andachten und die Krankenkommunion zum Wochenende – sie würde zu gern für eine Woche im Mutterhaus »untertauchen«.

Ich willigte ein – und war ein paar Tage später damit beschäftigt, alles für die Kommunionfeiern auf den Krankenzimmern vorzubereiten. Vor allem erschien es mir wichtig, ein passendes Evangelium auszuwählen, also eins, das die Situation der Patienten widerspiegelte und zugleich Trost spenden konnte. Schließlich entschied ich mich für den »Sturm auf dem See« – viele der Menschen im Krankenhaus müssen ihre momentane Situation so ähnlich erfahren, sagte ich mir: Das normale Leben ist aus den Fugen geraten, vieles ist durcheinander gekommen. Manch einer fragt sich, was die unmittelbare Zukunft bringen wird und wie weit er, etwa nach einer schweren Operation, »vom rettenden Ufer« entfernt ist.

Mit diesen Überlegungen kam ich schließlich auch in das Krankenzimmer eines älteren Ehepaares. Beide um die 70, hatten sie sich noch zu einer gemeinsamen Hüftoperation entschlossen – »denn 70 ist ja noch kein Alter, wir können noch 20 Jahre vor uns haben und wollen nicht durchs Leben hinken.« Also hatten sie zur Optimierung ihrer Lebensqualität »Ja« zu dem Eingriff gesagt.

Wir begannen unseren kleinen Gottesdienst im Namen des dreifaltigen Gottes, ich sprach eine kurze Einführung, ein Gebet, und trug dann das ausgewählte Evangelium vom Sturm auf dem See vor. Es sollte nicht lange dauern, da fingen die beiden Alten schrecklich an zu weinen. Sie waren gar nicht zu beruhigen in ihrem Kummer. Schon überkamen mich die ersten Selbstzweifel – was hatte ich falsch gemacht?

»Es hat nichts mit Ihnen zu tun«, erklärte die Frau schließlich unter Tränen. »Es ist nur, weil – « Und dann erzählte sie ihre Geschichte. Die Geschichte ihrer Tochter, die vor vielen Jahren bei einem schrecklichen Autounfall ums Leben gekommen war. »Sie war unsere einzige Tochter«, erklärte der Mann schluchzend, und die Frau sagte: »Für uns schien das Leben damals zu Ende zu sein.«

Es habe Jahre gedauert, bis sie den Verlust ihres Kindes verkraften konnten. Damals entschieden sie sich zu einer Pilgerreise nach Israel, um im Heiligen Land für einen Neu-

anfang zu beten. »So haben wir auch eine Schifffahrt auf dem See Gennesaret gemacht«, erzählte die Frau. »Und irgendwann, mitten auf dem See, stand ein Priester auf und trug genau dieses Evangelium vor.« – »Ein unglaublicher Moment. Da war es uns, als würden sich endlich auch die Stürme unseres Lebens legen«, beschrieb der Mann seine Erfahrung. »Diese Szene hatten wir jetzt gerade wieder vor Augen«, erklärte die Frau stellvertretend für beide. »Und so sind alle unsere Gefühle von damals wieder hochgekommen!«

»Aber bitte«, meldete sich der Mann noch einmal zu Wort, »verstehen Sie das nicht falsch. Diese Szene ist nicht in erster Linie schrecklich oder bedrückend für uns, ganz im Gegenteil. Sie ist zutiefst tröstend!« – »Und unsere Tränen«, ergänzte die Frau, während sie sich mit dem Taschentuch über die Augen wischte, »sind eigentlich eher Freudentränen. Oder Tränen der Dankbarkeit, wenn Sie das begreifen.«

Der kleine Gottesdienst mit den beiden alten Leuten sollte mich noch lange beschäftigen. Den ganzen Tag über musste ich immer wieder an ihre Geschichte denken. Als ich meinen Dienst schließlich beendet hatte und auf dem Heimweg war, kam mir eine Idee ...

An diesem Abend sollte es spät werden: Bei einem Glas Rotwein und klassischer Musik hatte ich meine Künstlerkreiden und eine schwarze Leinwand auf dem Boden ausgebreitet. Ich wollte die Szene aus dem Evangelium für die beiden hüftkranken Patienten festhalten: Vielleicht könnte sie ihnen während ihres Krankenhausaufenthalts ein bisschen Trost und Stärkung schenken.

So brachte ich ihnen am folgenden Morgen mein Bild und befestigte es an der Wand, die den Betten gegenüberlag – und so hing es dort bis zu ihrer Entlassung.

Am Morgen des letzten Tages kamen die beiden zu mir. »Wir wollten uns noch einmal bei Ihnen bedanken«, sagten sie, und die Frau steckte mir einen Geldschein in meine weiße Kitteltasche. »Für neue Kreide. Wenn Sie mal wieder ein Bild malen und jemand trösten wollen ...«

Für den Tag und die Woche

Kennen Sie jemanden, der momentan die »Stürme des Lebens« besonders heftig erlebt? Der eine helfende, rettende Hand braucht – zum Beispiel Ihre?

besuchen

VI betrachtet

besuchen

Zunächst ist es für uns heute überraschend, dass Jesus den Gefangenenbesuch überhaupt zu den großen Taten der Nächstenliebe rechnete, für die man als Lohn das Himmelreich bekommt. Anders als bei den Hungrigen und Durstigen, bei den Fremden und den Kranken hat doch der Gefängnis-Insasse persönlichen Anteil, also wirkliche Schuld, wegen der er/sie im Gefängnis sitzt. Und ebenso überraschend ist es dann, dass Jesus sich mit dem Gefangenen identifiziert; könnte das auch ein Hinweis darauf sein, dass Jesus die Schuld der Schuldigen auf sich nimmt, später am Kreuz? Jesus hat ja in der Rede vom Weltgericht nicht nur Bilder und Vergleiche gebraucht: Wenn ein Mensch hungert, ist das so, als ob Jesus hungerte; wenn einer Durst hat ... Sondern Jesus ist ja auf dem Weg zum Berg Golgota selbst einer gewesen, der körperlich hungern musste, am Kreuz vor Durst schrie und am Kreuz sehr einsam war, schwer geschlagen mit körperlichen Wunden und Verletzungen, also »krank«. Jesus selbst hat die ganze Grausamkeit eines Gefängnisses damals selbst durchlitten, und es erschreckt uns auch heute noch, dass Jesus – und viele Gefängnis-Insassen einer inhumanen Welt – körperlich schwer misshandelt wurden. Die Folter gehörte zum nomalen Alltag eines Gefängnisses damals: Und vermutlich war es kaum möglich, einen Gefangenen wirklich zu besuchen. Wohl deswegen stellt Jesus, jedenfalls im Vers 36, den Krankenbesuch nicht auf eine Stufe mit dem Gefangenenbesuch: »Ich war krank, und ihr habt mich besucht!«, aber: »Ich war im Gefängnis, und ihr seid zu mir gekommen!« Zu einem Gefangenen zu kommen, aber ihn nicht wirklich zu besuchen und mit ihm zu sprechen, ein Geschenk mitzubringen, ihn aufzumuntern: Das war wohl das einzig Mögliche!

Hinzu kommt, dass Gefängnisse Orte schuldig gewordener Menschen waren. Das erklärt die Gnadenlosigkeit der Gefängnisse damals; die Leute hatten es ja nicht anders verdient, so meinte man, und bei schweren oder vermeintlich schweren Vergehen konnte die Strafe nicht hart genug sein. Wir pflegen heute im modernen Strafvollzug das Motiv der »Resozialisation«, also der geordneten und straffreien Rückkehr in die bürgerliche Gesellschaft zu betonen, was allerdings sehr oft nicht gelingt; die Rückfallquote, besonders bei jugendlichen Straftätern, ist hoch. Da wünschen sich viele eine härtere Art der Strafe und der gerechten Sühne für die Schuld, und manchmal spielt bei Stammtisch-Gesprächen, wie ich es kürzlich erlebte, der Wunsch nach Rache eine nicht unwichtige Rolle. Damals, als Jesus für kurze Zeit im Gefängnis saß, ging es vor allem um die Demütigung des Gefangenen, und es macht sprachlos, wie Jesus im Kerker blutig geschlagen, verlacht und verspottet wurde.

Dass Jesus sich zu den Schuldigen zählt und die Gefängnisse für Orte der Barmherzigkeit hält, ist die vielleicht aufregendste Aussage in der Rede vom Weltgericht: Jesus, der Weltenrichter, stand selber vor Richtern, vor ganz erbärmlichen und korrupten; da tut Barmherzigkeit not, und wenn es nur ein zaghaftes Winken durch undurchsichtige Scheiben ist; ist Schuld nicht immer irgendwie undurchsichtig und rätselhaft? Und nur Gott kann die Abgründe menschlicher Schuld durchschauen.

Ich bin erstaunt, dass das Wort für »Gefängnis«, das hier im Griechischen gebraucht wird – »phylakä« – auch »Wachsamkeit«, »Vorsicht« heißen kann; auch der normale Wachdienst, zum Beispiel am Stadttor, wurde mit demselben Wort bezeichnet. Offensichtlich ist das Gefängnis auch ein Ort, an dem Menschen bewacht werden, damit sie nicht mehr in Schuld fallen; oder man versteht das Gefängnis als einen Ort, an dem die Gesellschaft vor schuldigen Menschen bewacht werden soll; die erste Deutung, dass auch schuldige Menschen des Schutzes bedürfen, ist mir der sympathischere Gedanke.

Nur Schuldige? Wir dürfen nicht übersehen, dass viele Menschen, gerade zur Zeit Jesu, unschuldig im Gefängnis saßen und oft unschuldig ums Leben kamen; und in manchen Regionen der Erde ist das auch heute noch so. Deswegen ist es wohl ganz wichtig, an unsere christlichen Geschwister zu erinnern, die in den ersten Jahren und Jahrhunderten der christlichen Geschichte in den Kerker geworfen wurden und dort elendig umkamen, weil sie treu zu ihrem Glauben an Gott standen, z. B. Petrus und Paulus und alle die vielen anderen Männer und Frauen, von denen einige wenige im Gedächtnis der Kirche geblieben sind: wirkliche Märtyrer und Martyrinnen, die man nicht mit denen verwechseln darf, die andere töten und dabei auch sich selbst. Märtyrer sind allein die, die sich selbst opferten, um andere zu retten. Diese wirklichen Märtyrer haben manchmal das Gefängnis in ein Gotteshaus verwandelt, weil sie die Botschaft Jesu auch unter schlimmsten Bedingungen weiter gesagt haben.

Da ist ein bisschen Licht in die dunklen Gefängnisse gefallen.

VI

erklärt

Von Weihbischof Heinrich Timmerevers

» Gefangene besuchen

Warum? Warum gerade Gefangene besuchen? Hungrige speisen, Durstige tränken, Fremde aufnehmen, Nackte kleiden und Kranke besuchen – das entspricht unserem Verständnis von christlicher Nächstenliebe. Aber Gefangene besuchen? Ist ihnen nicht bereits Gerechtigkeit widerfahren? Haben sie nicht das bekommen, was sie verdient haben?

Das sechste Werk der Barmherzigkeit in der Perikope vom Weltgericht ist vielleicht das sperrigste. Weil es unser Empfinden von Gerechtigkeit durcheinander bringt. Es kommen Begriffe wie Täter, Versagen und Schuld ins Spiel, dazu das Verlangen nach Wiedergutmachung oder auch Strafe und vielleicht noch Resozialisierung. Eine unangenehme Wirklichkeit, für deren Akteure wir Gefängnisse geschaffen haben, um uns vor den Tätern und die Täter vor sich selbst zu schützen und Gerechtigkeit gewahrt zu sehen.

Den Gefangenen mit Barmherzigkeit zu begegnen, sie aufzusuchen und bei ihnen zu bleiben, ist in diesem Zusammenhang schon eine Herausforderung. »Ich war im Gefängnis ...« – in ihnen dann auch noch Christus zu entdecken, das macht die Provokation noch größer! Immerhin, vordergründig begegnen uns gescheiterte Existenzen, Betrüger, Labile, Psychopathen, Rückfällige, Triebhafte, Opfer der Verhältnisse, Süchtige, Mörder etc.

Dennoch können wir das Wort der Schrift nicht einfach ignorieren! Wir müssen dieses Wort stehen lassen, wie es steht. Es ist uns geboten, Christus in denen zu suchen, die gefangen sind.

Gefangenschaft ist nicht nur eine Situation, die für die sichtbar Inhaftierten Realität ist. Auch ohne Hafterfahrung im wörtlichen Sinn wissen wir, was es heißt, gefangen zu sein hinter Gittern, die nicht aus Eisen sind, und hinter Mauern, die nicht aus Stein sind. Das ist eine Erfahrung des Menschseins. Auch diese Gefängnisse können genauso wirklich sein wie die, in denen die von der Justiz Verurteilten sitzen. Ängste, Abhängigkeiten, psychische Erkrankungen, unkontrollierte Bedürfnisse – wie das Gefängnis auch heißen mag: Es raubt dem Menschen seine Freiheit, es engt ein und legt fest.

Alle Gefangenen sind in einer ähnlichen Situation: Ihr Leben wird beschränkt, es kann sich nicht mehr recht entfalten, und es droht zu verkümmern. Nichts geht mehr. Gefangenschaft verschlingt Leben! Jedes Gefängnis ist schlimm, das aus Mauern und Stacheldraht ebenso wie das innere Gefängnis eines verschlossenen Herzens mit seinen Abgründen. Auch hier darf nicht verharmlost oder bagatellisiert werden.

Und die Frage nach der Schuld? In der Erzählung vom Weltgericht spielt eine mögliche Schuld der Gefangenen keine Rolle. Damit ist nicht gesagt, dass der Weltenrichter der Sünde und der Schuld der Menschen gleichgültig gegenübersteht. Ob jemand schuldig oder unschuldig gefangen ist, ist je nach Perspektive eine Frage menschlicher Justiz oder der gerechtmachenden Kraft Gottes. Ob jedoch der Gefangene aufgegeben oder angenommen wird, ist eine Frage der Liebe! Dabei geht es nicht darum, Verantwortung nicht mehr einzufordern, Kriminelle nicht mehr aus dem Verkehr zu ziehen oder die Opfer nicht mehr vor den Tätern zu schützen. Aber jeder Gefangene, selbst der letzte

Verbrecher, ist Teil der Menschheitsfamilie und hat eine unveräußerliche Würde, die von Gott herkommt.

Was heißt es nun, Christus in denen zu suchen, die gefangen sind? Es heißt zunächst, zu glauben, auch gegen die eigene Erfahrung, dass Christus in den Gefangenen dieser Welt gegenwärtig ist, in denen, die verloren scheinen, die als aussichtslose oder hoffnungslose Fälle bekannt sind, die isoliert und ausgegrenzt sind! Er ist es doch, der die Befreiung der Gefangenen in jeder Hinsicht zum Inhalt seiner Sendung gemacht hat (vgl. Lk 4,18). Er ist der Arzt für die Sünder und Kranken, nicht für die Gesunden und Gerechten (vgl. Lk 5,31f). In seiner entäußernden Liebe hat er sich mit den Sündern identifiziert, sich hinabgewagt in die größte Gottferne, damit auch dort Erlösung geschieht. Sonst wäre ja nur erlöst, was von sich aus schon heil ist.

Diese Darstellung des abgesägten Baumes, aus dem ein neuer Spross wächst, ziert ein Fenster der Kapelle in der JVA Oldenburg. Sie wurde von einem langjährigen Strafgefangenen geschaffen.

Doch der Glaube, Christus ist in den Gefangenen, ist nicht der alleinige Maßstab des Wortes Jesu »Ich war im Gefängnis, und ihr seid zu mir gekommen«. Es ist die Liebe, die sich nicht an Maßstäbe hält. Die Liebe, die Kategorien irdischer Gesetze überwindet und das hoch achtet, was in der Welt so wenig Bestand und Substanz hat. Eine solche Liebe glaubt Christus in den Gefangenen und begegnet ihnen mit ehrfürchtiger Demut. Wissend, dass durch alle schicksalsbedingten Abläufe, durch alle wahre und furchtbare Schuld hindurch der Mensch letztlich doch umfangen ist vom größeren Erbarmen Gottes. Dabei geht es nicht darum, durch den Menschen hindurch zu blicken, im Sinne von: »Da muss doch irgendwo Christus drin stecken.« Nur wenn wir den Gefangenen als Person ernstnehmen und in sein Angesicht blicken, selbst dann noch, wenn dieser Blick nicht erwidert, vielleicht sogar kalt und stumpf abgewiesen wird, nur dann fangen wir an, selbstlose Liebe wirklich zu wagen und Christus im Gefangenen zu finden.

»Jeden Tag warte ich ...
Keiner besucht mich,
niemand schickt mir ein Paket.
Manchmal kommt ein Brief
von der Justiz.
Kein Mensch schreibt mir,
alle haben mich abgeschrieben.
Für die Welt draußen bin ich tot –
meine Zelle ist mein Grab.«
(Petrus Ceelen, Hinter Gittern, Stuttgart 1997)

Abgeschnitten von der Außenwelt, herausgerissen aus Familie, Arbeitswelt und Freundeskreis, ängstlich, ohne Hoffnung und vereinsamt, so habe ich bei meinen Besuchen in verschiedenen Anstalten Gefangene erlebt. Die Zelle ein Grab – ein Bild voller Wahrheit. Mir kommt ein Motiv in den Sinn, ein Glasfenster aus der Kapelle der JVA in Oldenburg (Fotografie vorige Seite). Ein bekanntes Bild: Aus einem abgesägten Baum wächst ein neuer Spross empor. Gefangenschaft ist wie Abgeschnittensein. Leben bricht ab, es geht etwas zu Ende. Doch selbst nach solch einem (auch im Bilde) schwerwiegenden »Einschnitt« kann Neues entstehen und wachsen.

Getsemani, Golgota und der Stein vor dem Felsengrab. Unser Herr – auch ein Gefangener, gedemütigt, getötet, abgeschnitten und begraben. Doch Gott ließ ihn nicht allein. In seiner Liebe geschieht durch Grab und Tod hindurch Auferstehung! Verheißen für alle Menschen, auch die Gefangenen. Sie sind Schwestern und Brüder Jesu Christi. Besuchen wir sie, begegnen wir ihnen, lassen wir sie nicht allein! So kann eine Erfahrung von Auferstehung geschehen – mitten im Leben.

VI

gelebt

Sitzstreik

Als Maybaum an diesem Morgen in die 7c kommt, sitzen die Schüler starr auf ihren Tischen und kehren ihm den Rücken zu. Auch auf sein »Guten Morgen« reagieren sie nicht. So hat Maybaum die Jugendlichen noch nie erlebt. »Was ist los mit euch?«, fragt er vorsichtig, während er auf die Rückseite des Raumes geht. Da kann er ihnen wenigstens ins Gesicht schauen. »Habe ich etwas falsch gemacht? Geht's euch nicht gut?«
»Wir machen einen Sitzstreik«, erklärt Jonathan als Klassensprecher schließlich. »Glauben Sie bloß nicht, wir gehen mit Ihnen in den Knast. Da kriegen Sie uns nicht hin.« – »Und geben Sie sich keine Mühe!«, ergänzt Luisa, seine Stellvertreterin. »Wir wissen inzwischen genau, was hier läuft. Dass Sie die sieben Werke der Barmherzigkeit mit uns durchnehmen.« – »Ja, und demnach wäre jetzt der Knast an der Reihe«, meldet sich Jonathan wieder. ›Gefangene besuchen‹, oder wie das heißt. Aber so interessant, wie die Reihe bis jetzt auch war: Zu den Knackis gehen wir nicht. Keiner von uns. Darüber haben wir abgestimmt. Oder meinen Sie, das wäre in Gottes Sinn? Denn der ist doch der große Auftraggeber oder Chef – wie Sie ihn genannt haben.«
Jens Maybaum macht eine abwiegelnde Bewegung mit seinen Händen. »Okay, okay, ich habe verstanden. Und um ehrlich zu sein: Ich hatte auch keinen Besuch im Gefängnis geplant.« Während er sich auf eins der Schülerpulte in der letzten Reihe hockt, sehen die Schüler sich an. Also kein Knastgang. Aber was dann?
»Mich würde ja mal interessieren, was ihr alles schon über die sieben Werke der Barmherzigkeit wisst«, sagt Maybaum. »Ich gehe mal davon aus, dass ihr das Internet zu Rate gezogen habt. Also: Was ist dabei herausgekommen? Lasst uns doch mal sammeln.« Die Jugendlichen haben eine ganze Menge herausgefunden: Dass die Werke der Barmherzigkeit aus der Rede vom zukünftigen Weltgericht in Mt 25 stammen. »Es geht dabei nicht um die Frage, was man tun muss, um in den Himmel zu kommen oder um vor Gott gut dazustehen, es geht um Dinge, die eigentlich selbstverständlich sein sollten«, erklärt Luisa, und Maybaum denkt für einen Augenblick: Das hätte man direkt mitschreiben können. »Alle diese Werke beschreiben Beispiele für Hilfeleistungen«, sagt Jenny schließlich.

»Gut«, beendet der junge Lehrer das Brainstorming und geht einen Schritt weiter. »Könnt ihr euch denn vorstellen, wie ausgerechnet der Auftrag, Gefangene zu besuchen, dazu gekommen ist? Meint ihr, dass die Menschen um die Zeitenwende lieber zu den Knastis gegangen sind als ihr heute?« Schweigen. Manch einer beißt sich auf die Lippe und überlegt. »Vielleicht waren manche auch unschuldig Gefangene«, sagt Manuel, »oft trifft es bei Kriegen ja gerade die Unschuldigen, also Frauen und Kinder, die unter den Auseinandersetzungen leiden.« – »Ich habe mal gehört, dass man früher im Krankenhaus nur versorgt wurde, wenn Angehörige kamen und den Kranken etwas zu essen brachten. Vielleicht war das im Gefängnis genauso«, meint Luisa. »Und schließlich hat Jesus den Menschen gesagt, dass sie vergeben müssen. Nicht einmal, sondern immer wieder. Das gilt wohl auch im Blick auf die, die mal was falsch gemacht haben und jetzt im Knast sitzen«, überlegt Maik.
Maybaum ist zufrieden. Die Klasse hat das Thema gut durchdrungen. »Lasst uns ein Gedankenexperiment machen!«, schlägt er dann vor. »Überlegt in Kleingruppen, ob die Werke der Barmherzigkeit noch immer dieselben sind, oder ob es inzwischen andere Hilfsleistungen gibt, die heute genauso wichtig wären.«
Die Stillarbeit ist sehr ergiebig: »Einsame integrieren.« – »Aids-Kranke nicht ausgrenzen.« – »Gemobbte stärken.« – »Alte nie abschieben.« – »Psychisch Kranke betreuen.« Die Schüler finden zahlreiche Beispiele.
»Okay«, sagt Maybaum schließlich, »dafür, dass ihr eigentlich streiken wolltet, bin ich heute besonders gut mit euch zufrieden. Jetzt habe ich nur noch einen Gedanken. Wenn ihr euch all die Gebote anschaut, die ihr aufgeschrieben habt – sind das nicht die Gefangenen unserer Tage? Gefangene der Zeit, der gesellschaftlichen Anforderungen, vielleicht auch Gefangene ihrer selbst? Und – müssen wir uns nicht um die kümmern? Mindestens genauso, wie in den Knast zu gehen?«

Anregungen

> In der Familie

Philosophieren Sie mit Ihren Kindern doch einmal über einen Satz von Jean-Jacques Rousseau aus dem Jahr 1762: »Der Mensch ist frei geboren, und überall liegt er in Ketten.« Mögliche Fragen: Geht es Rousseau nur um »Knackis«? Welche »Ketten« spürt ihr in eurem Leben? Von welchen würdet ihr euch gern befreien? Was können wir gemeinsam dafür tun ... ?

> Im Familienkreis

Gesprächsmöglichkeit: Oft erzählen Träume etwas über die Ängste, die uns gefangenhalten. Finden Sie den Mut, über Ihre Träume/Ängste zu sprechen? Und – was erleben Sie als befreiend?

> Im Familiengottesdienst

Die Werke der Barmherzigkeit (und mögliche moderne Ergänzungen) stehen auf vorbereiteten Holzsprossen, die in einer Katechese mit Pantomimen und kurzem Beispieltext vorgestellt und dann zusammengesetzt, d. h. in zwei Leisten eingehängt werden. So entsteht eine »Himmelsleiter« – wer diesen Weg geht, findet zu Gott. Oder: Wo Menschen so miteinander und aneinander handeln, berührt der Himmel die Erde.

Meine kleine Galerie

Licht für die Völker

Vor zehn Jahren, am Fest der Taufe des Herrn 1997, bin ich zum Diakon geweiht worden. Im Vorfeld dieses für meine Kurskollegen und mich so wichtigen Tages gab es natürlich einiges zu organisieren: Neben so wichtigen Dingen wie den Skrutinien, den entscheidenden Gesprächen mit dem Bischof, oder dem gemeinsamen Festlegen auf einen Weihespruch mussten auch die weltlichen Fragen geklärt werden: Wer feiert wo? Und: Wie laden wir ein?

In den jeweiligen Diakonats- und Presbyteratskursen ist es seit jeher guter Brauch, eine gemeinsame Einladung zu verschicken, die sich von der Gestaltung her an dem gemeinsamen Weihespruch orientiert. Den hatten wir relativ schnell gefunden – in einer der Tageslesungen. Dort heißt es beim Propheten Jesaja: »Ich habe dich geschaffen und dazu bestimmt, das Licht für die Völker zu sein.«

Einige meiner Mitbrüder hatten dann auch schnell eine Idee, wie man diesen Bibelvers auf der Einladung illustrieren könnte – unter anderem war ein Fenster aus dem Petersdom im Rennen. Aber keiner der Vorschläge konnte alle überzeugen oder gar begeistern, und so bat ich meine Kollegen, einmal an einem ganz neuen Entwurf »basteln« zu dürfen.

Ich bekam einige Tage Zeit, die ich zum Nachdenken und für die kreative Umsetzung nutzen konnte, und so entstand – zwischen den laufenden Vorträgen des Priesterseminars, zwischen den liturgischen Feiern und sozialen Verpflichtungen – der nebenstehende Entwurf. Er versucht den Gedanken aus einem der Gottesknechtlieder bei Jesaja aufzunehmen, die Hoffnung der Völker auf den Messias, der da kommen wird, um die Dunkelheit ihrer Tage aufzuhellen und ein Licht der Liebe zu entzünden.

Ich weiß noch gut, wie wir an jenem Abend zusammensaßen, wie ich meinen Entwurf mit wenigen Worten vorstellte und hoffte, dass er für sich sprechen würde. Dass es vielleicht sogar ein »Bild mit Tiefgang« geworden war – das sich nicht schon bei dem ersten oberflächlichen Blick erschloss, sondern zu einer längeren Betrachtung einlud. Die Begutachtung in gemeinsamer Runde jedenfalls dauerte mehrere kritische Nachfragen, zahlreiche interessierte Beobachtungen und einige hilfreiche Anregungen lang – dann war klar: Die Mitbrüder waren mit meinem Bild einverstanden. Es konnte, nach kleinen »Schönheitsoperationen«, in Serie gehen und gedruckt werden.

Viele Freunde haben die Botschaft des Bildes verstanden, haben wahrgenommen, wie die Hand Gottes – aus dem Hellen, Klaren, Grenzenlosen kommend – den Lichtträger in die Welt setzt, damit er all jene, die im Dunkeln leben, aus ihrer Finsternis befreit. Sie haben begriffen, dass es nicht zufällig zwölf Gesichter sind, dass mit dieser Zahl der Fülle eine Zahlensymbolik des Alten und Neuen Testaments aufgegriffen werden sollte, um deutlich zu machen: Er ist wirklich für alle da. Für jene, die durch anderer Verschulden auf der Schattenseite des Lebens gelandet sind, und für jene, die sich selbst ins Abseits gestellt haben.

Alle, die gefangen sind in Angst und Verzweiflung oder gar in sich selbst, dürfen aufatmen: Christus wird sie befreien. Er durchbricht die Gitterstäbe von Not und Elend, er durchbricht die Gitterstäbe dieser Welt.

Neben manchem Lob gab es aber auch Anfragen und Kritik. So fragte mich jemand am Rande der Feierlichkeiten: »Ist das nicht eine Anmaßung, wenn ihr das Lied vom Gottesknecht auf euch übertragt? In der Bibel geht es eindeutig um den Messias, also um Jesus – wie wollt ihr da von euch behaupten, dass ihr Licht für die Völker sein könnt?«

Je länger ich als Priester tätig bin, desto mehr wird mir klar, dass wir dieses Bild nicht nur auf uns übertragen dürfen,

sondern sogar übertragen sollen. Und das gilt für jeden Christen, nicht nur für Kleriker. »Christus hat keine Hände, nur eure Hände, um seine Arbeit heute zu tun«, heißt es in einem Gebet, und wenn ein gern gesungenes Lied uns einlädt: »Tragt in die Welt nun ein Licht«, dann glaube ich mit Paulus, dass wir selbst - als Kinder des Lichts - dieses Licht sein müssen. Dass es an uns liegt, Menschen aus ihren Dunkelheiten zu befreien.

Ich hatte, während ich unser Weihebild gestaltete, stets auch die Erinnerung an einen Mitbruder im Gedächtnis, der mir während meiner ersten Studiensemester immer wieder aufmunternd zur Seite gestanden hatte. Oft war ich in jener Zeit krank gewesen, hatte arge Rückenprobleme und Zukunftssorgen - die Aussage eines Arztes, dass ich möglicherweise mit 30 im Rollstuhl sitzen würde, machte mir zunehmend Angst.

Indes versuchte Christian immer wieder, mir Mut zu machen, mich aufzubauen und mir den Glauben an mich selbst zurückzugeben - so wie an jenem Morgen, als ich eine Kerze und einen handgeschriebenen Gruß von ihm vor meiner Zimmertür fand. »Auch wenn es dir manchmal schwerfällt, auch wenn du das Gefühl hast, deine Kraft reiche nicht aus - du kannst leuchten, Jan. Du musst leuchten, damit andere den Weg aus der Dunkelheit finden. Jeder ist ein Licht für diese Welt - auch du!«

Es sollte eine von Christians letzten Botschaften sein - an jenem Morgen steuerte er sein Auto auf gerader Straße vor den einzigen Baum am Straßenrand. Er starb noch am selben Tag.

Ich hatte in all den Wochen und Monaten zuvor nie gesehen (nicht sehen können, nicht sehen wollen?), wie sehr dieser junge Mann ein Gefangener seiner selbst war. Wie ihm Zukunftsängste und Panikattacken immer mehr die Kraft zum Leben abschnürten, wie er das, was er anderen schrieb und sagte, immer weniger von sich selbst glauben konnte.

Im Blick auf Christian und so viele andere, die auch heute, jetzt, in diesem Augenblick, eingesperrt sind hinter Mauern aus Angst und Verzweiflung, bin ich überzeugt, dass jeder von uns seinen Beitrag leisten kann, damit andere einen Weg aus ihrer Finsternis finden. Auch, wenn wir scheinbar keine großen Leuchten und nur kleine Funzeln sind.

Für den Tag und die Woche

Wer fällt mir ein, der gefangen ist in sich selbst, der im Dunkel sitzt und auf ein (Licht-)Zeichen von mir wartet?

begraben

VII betrachtet

begraben

Ein Acker! Ein Gottesacker? Welches stille, keimende Leben mag sich in der Erde verbergen? Nicht selten ist der Boden »heiliges Land«, wie in der Geschichte des Mose, der auf dem Boden seine Schuhe auszieht, weil er den heiligen Ort Gottes nicht mit seinen Schuhen betreten möchte.

Das siebte »Werk der Barmherzigkeit« ist das einzige, das in der Weltgerichtsrede Jesu im Matthäus-Evangelium nicht vorkommt. Es wäre ja auch etwas seltsam, wenn Jesus gesagt hätte: »Ich war tot, und ihr habt mich begraben.« Dennoch wird Jesu Begräbnis im Johannes-Evangelium ziemlich ausführlich beschrieben; sogar die Namen der Trauergemeinde werden genannt, auch wenn es nur ein Begräbnis für wenige Tage war. Das hat die Begräbnis-Gesellschaft Jesu wirklich nicht geahnt, sonst hätten sie das Grab nicht mit einem dicken Stein verschlossen.

Im berühmten Gartengrab in Jerusalem kann man sehr gut sehen, wie das Grab Jesu ausgesehen haben mag. Da sind zwei Kammern, also kleine Räume, die in den weichen Felsen gehauen sind: Im rückwärtigen Raum wurde der Tote bestattet; im vorderen wurden kostbare Öle in Tongefäßen aufgestellt. Das war wohl gedacht als Mittel gegen den Verwesungsgeruch; denn auch der runde Stein, der aussieht wie ein Mühlstein und der über eine schräge Steinrampe vor die Graböffnung gerollt wurde, konnte das Grab nicht luftdicht verschließen. Die »Spezereien«, von denen die Bibel berichtet, dienten also nicht dazu, einen Toten einzubalsamieren und den Leichnam zu konservieren, wie es die alten Ägypter mit ihren Mumien taten, sondern sie waren ein Mittel gegen den starken Verwesungsgeruch.

In vielen Kulturen ist das Begräbnis ein letzter Dienst, den man einem toten Menschen, der einem sehr lieb war, erweisen kann; auch in unserer Kultur sind die Friedhöfe Orte eines dankbaren Gedenkens; mit blühenden Blumen möchten die Angehörigen und Freunde einen Menschen ehren an dem Ort, der der letzte irdische Ort seines Daseins ist. Friedhöfe sind manchmal wie blühende Blumengärten, an denen so sichtbar das Leben in allen seinen Farben sprießt.

Auch der Boden selbst ist schon ein Ort des Lebens. Welche Vielzahl von kleinen Lebewesen hat sich im Ackerboden einquartiert! Ich freue mich immer, wenn ich über einen Friedhof gehe, auf dem auch die Hasen und die Vögel ihr Zuhause haben, die sich von den Blumen auf den Gräbern ernähren; im Frühling begegnet man auf den Friedhöfen dem Leben.

Gut kann ich mich auch an den Mann erinnern, der auf dem Zentralfriedhof in Münster durch die Reihen zwischen den Gräbern ging und dabei fröhlich das Oster-Alleluja der Osternacht-Liturgie pfiff; da war mir mitten auf dem Friedhof nach Ostern zumute.

Jesus deutet den Tod und das Leben nach dem Tod in dem wunderbaren Bild vom Weizenkorn. Nur wenn der Weizen in die Erde gelegt wird, statt ihn im Keller aufzubewahren, kann er neues Leben entfalten, und zwar Leben, das vielfältiger und reicher ist als das verwesende Korn in der Ähre. Man muss ein einziges Korn neben eine frisch geerntete Korn-Ähre halten; dann sieht man, dass die lebendige Frucht viel reicher ist als das, was als Same in den Acker gesät wurde. Die Frucht wäre nicht ohne den vergehenden Samen, auch wenn der Same vergangen ist, wenn die Frucht zur Reife kommt. Wenn der Weizen stirbt, bringt er reife Frucht, so sagt es Jesus.

Ich habe einmal gelesen, dass ein Weizenkorn, das man vor rund eintausend Jahren als Grabbeilage in ein ägyptisches Grab gelegt hatte, Frucht brachte, als man es nach so langer Zeit der Ruhe in die Erde säte; offenbar ist das Leben dort verborgen, wo man es kaum ahnt; da spielt auch die Zeit von einigen tausend Jahren keine Rolle. Und noch einmal: Die menschliche Fantasie kann sich kaum ausmalen, was alles in einem scheinbar toten Acker als Lebendiges verborgen ist.

Im Orient ist es auch heute noch nötig, den Toten so bald wie möglich zu bestatten; deshalb wurde auch Jesus sofort nach seinem Tod begraben. Da war Eile geboten, wohl nicht allein wegen des nahen arbeitsruhenden Sabbats. Schon nach drei Tagen konnte der Tote sich wegen der orientalischen Hitze im Verwesungszustand befinden, wie etwa Lazarus, der vier Tage im Grab liegt und »schon riecht« (Joh 11,39). Jesus aber entgeht der Verwesung, indem er einfach aufersteht.

Begräbnisse waren sehr spektakulär zur Zeit und im Lande Jesu. Man trug einen »sak«, also ein Trauergewand; das Wort ist aus dem Hebräischen in unsere Sprache gewandert. Bezahlte, klagende Frauen gingen ihrem Trauerberuf nach. Mag sich auch das Trauerritual bis heute sehr verändert haben: Der Gottesacker ist immer noch ein guter Ort für die barmherzige Bestattung unserer Toten, das letzte gute Werk, das wir für sie tun können.

VII

erklärt

Von Johannes Heimbach

» Tote begraben

Sind die Werke der Barmherzigkeit menschlicher Ausdruck der zuvorkommenden Barmherzigkeit Gottes mit uns Menschen und seiner gesamten Schöpfung, so gilt das auch für unseren Umgang mit den Toten. »Tote begraben« als siebtes der leiblichen Werke der Barmherzigkeit macht unmissverständlich deutlich, dass über die Armenpflege hinaus die Menschenliebe und der damit verbundene Respekt vor den Toten Quelle solchen christlichen Handelns ist. Wenn wir Christus im Nächsten begegnen (Mt 25,40), wenn unser Leib Tempel Gottes ist (1 Kor 3,16), wenn wir Glieder des Leibes Christi sind (vgl. 1 Kor 12,12-31a), so ist das aus christlich-religiöser Sicht mehr als Grund genug, auch mit den Verstorbenen respektvoll umzugehen.

Und dennoch findet sich in der Szene des Weltgerichts im Matthäusevangelium, die Grundlage für die sechs Werke der Barmherzigkeit ist, kein Hinweis darauf, die Toten zu begraben. Vielmehr überliefert uns das Neue Testament den missverständlichen Satz Jesu: »Lass die Toten ihre Toten begraben« (Lk 9,60a). Ist also die Bestattung der Toten etwa unjesuanisch? Schnell könnte die Bildrede von der Selbstbestattung der Toten fromme Gefühle verletzen, damals zur Zeit Jesu und bis heute. Der zweite Teil des Satzes bei Lukas erhellt das Gemeinte: »… Du aber geh, und verkünde das Reich Gottes« (Lk 9, 60b). Es geht in der Komposition des Evangelisten um die Radikalität des Rufes Jesu in seine Nachfolge und den damit verbundenen Auftrag, die Botschaft vom kommenden Reich Gottes zu verkünden. Nicht Abwertung der Bestattung der Toten ist gemeint, sondern Aufwertung des Verkündigungsauftrags und dessen Dringlichkeit.

Insgesamt finden wir im Neuen Testament nicht und nirgends die Aufforderung, Tote zu begraben. Eher entstammt dieses Werk der Barmherzigkeit der jüdisch-christlichen Frömmigkeitsgeschichte und darüber hinaus der Kulturgeschichte der Menschheit insgesamt.

Denn seit jeher begraben die Menschen ihre Toten. Für die Menschen des alttestamentlichen Israel galt es als schlimmster Fluch gegenüber einem Lebenden, nicht bestattet zu werden. Unmissverständlich werden Bilder der verweigerten Bestattung in den Schriften des Alten Testamentes benutzt, um solcherart Strafandrohungen aufzuzeichnen. Dahinter steht die Überzeugung, dass die Würde des Menschen nicht mit dem Tod endet; auch dem Verstorbenen muss Respekt gezollt werden. So gilt es damals als höchster Segen, in einem Grab bestattet zu werden. Das Begräbnis gibt dem Toten Frieden als Abschluss und Vollendung seines Lebens. Dieses Werk der Barmherzigkeit ist zunächst Pflicht und Aufgabe der Sippe, gilt als Akt familiärer Solidarität.

Darüber hinaus war jeder Israelit aufgefordert, als Vollzug von Solidarität und Barmherzigkeit einen Toten beizusetzen und Gutes zu tun. »Schenk jedem Lebenden deine Gaben, und auch dem Toten versag deine Liebe nicht. Entzieh dich nicht den Weinenden, vielmehr trauere mit den Trauernden« (Sir 7,33f).

Das alttestamentliche Buch Tobit, um das Jahr 200 v. Chr. geschrieben, berichtet ausführlich von dieser Pflicht. Tobit, ein Israelit im assyrischen Exil, lebt in Ninive. Er erweist seine Solidarität mit und an den Toten seines Volkes: »Wenn ich jemand aus meinem Vaterhaus sah, wie er tot und hinter die Stadtmauern geworfen war, begrub ich ihn« (Tob 1,17). Damit zieht er den Zorn des assyrischen Königs Sanherib auf sich, der ein Bestattungsverbot erlassen hatte. Tobit muss daraufhin fliehen, kehrt aber nach dem Tod des Königs wieder zurück nach Ninive. Dort nimmt er sein solidarisches Handeln sofort wieder auf: Als er erfährt, dass auf dem Marktplatz ein erdrosselter Jude liegt, wird er ihm die Barmherzigkeit der würdigen Bestattung erweisen. Später in dieser wechselvollen Geschichte des Tobit bestätigt der Engel Rafael ihm dessen barmherziges Handeln: »Und ebenso bin ich in deiner Nähe gewesen, als du die Toten begraben hast« (Tob 12,12). Tobit erweist nicht nur seinen toten Volksgenossen die Barmherzigkeit der Bestattung: Er wird vielmehr beschrieben als Ideal einer jüdischen Existenz, indem er immerzu an seinen Volksgenossen, eben auch den Lebenden, solidarisch handelt: »Mein Brot gab ich den Hungernden und meine Kleider den Nackten« (Tob 1,16).

Ein Zeitsprung: Der lateinische Kirchenvater Lactancius (* um 250 n. Chr.) ist es, der die sechs Werke der leiblichen Barmherzigkeit aus der Weltgerichtsszene in Mt 25 aufgreift und zum ersten Mal im christlichen Horizont um ein siebtes Werk erweitert: eben die Toten zu begraben. Dabei zitiert er nicht das Neue Testament, sondern greift auf das erwähnte Buch Tobit zurück. Hier findet er ein Vorbild jüdischen, aus seiner Perspektive auch christlichen Lebens: Tobits Barmherzigkeit den Armen und Notleidenden und den Toten gegenüber (vgl. Tob 1,17).

So entsteht die klassische Siebenzahl der Werke der leiblichen Barmherzigkeit. Die Siebenzahl bedeutet im Sinne der überkommenen Zahlensymbolik Vollkommenheit, bezeichnet Fülle und Ganzheit. Darüber hinaus werden im Laufe der Zeit weitere »Instrumente der Guten Werke«, wie sie etwa der heilige Benedikt (*480, † 547) in seiner Regel für seine Mönche nennt, aufgelistet, jetzt aber nicht und nie mehr ohne die Aufforderung, Tote zu begraben als eines der christlichen Werke der Barmherzigkeit (vgl. RB 4,17).

Dass sich um die Bestattung der Toten schon im Urchristentum eine Liturgie entfaltet, die mehr und mehr geprägt ist vom Glauben an die Auferstehung der Toten am Jüngsten Tag, ist Ausdruck christlicher Hoffnung von Anfang an. Zwar werden zunächst noch jüdische Bestattungsriten übernommen, aber im Lauf der Zeit tritt z. B. an die Stelle der Klagelieder die österlich-jesuanische Botschaft: »Ich bin die Auferstehung und das Leben. Wer an mich glaubt wird leben, auch wenn er stirbt« (Joh 11,25).

Die wechselvolle Geschichte der Beerdigungsliturgie, die in ihrer Entwicklung bis in die Tage vor der Liturgiereform des Zweiten Vatikanischen Konzils auch die Furcht erregende Seite des Todes im Hinblick auf das Fegefeuer in den Vordergrund stellte, ist heute wieder an ihren Ursprung gelangt: Sie tröstet die Trauernden mit der hoffnungsvollen Zusage und Bitte, dass unsere Toten in Gottes Händen geborgen seien und das Leben in Fülle in seiner Nähe haben mögen.

In diesem Sinne ist und bleibt das Begräbnis unserer Toten christlicher Dienst der Barmherzigkeit:

- aus Respekt vor den Verstorbenen, die wir als Geschöpfe aus unseren Händen in Gottes Schöpferhand zurückgeben;
- als Trost für die Trauernden, die durch die Bestattung ihrer inneren Sehnsucht nach endgültiger Heimat für ihre Verstorbenen Ausdruck verleihen: »Wenn unser irdisches Zelt abgebrochen wird, dann haben wir eine Wohnung bei Gott, ein nicht von Menschenhand errichtetes ewiges Haus im Himmel« (2 Kor 5,1);
- als Hinweis für jeden Menschen, sich der eigenen Endlichkeit zu erinnern im Sinne eines »memento mori« und das Leben in Achtsamkeit zu leben.

Ein letzter Gedanke. Der Abschied von den Verstorbenen, ihre Bestattung und ihre Gräber kann sinnenfälliger Ausdruck der eigenen menschlichen Seele werden: dass die Toten tot sind – wenngleich sie einen festen Platz in unseren Herzen behalten – und wir sie tot sein lassen können in der gläubigen und miteinander verbindenden Gewissheit für Lebende und Tote: »So spricht der Herr, der dich geschaffen hat: Fürchte dich nicht, denn ich habe dich erlöst; ich habe dich bei deinem Namen gerufen; mein bist du!« (Jes 43,1).

VII

gelebt

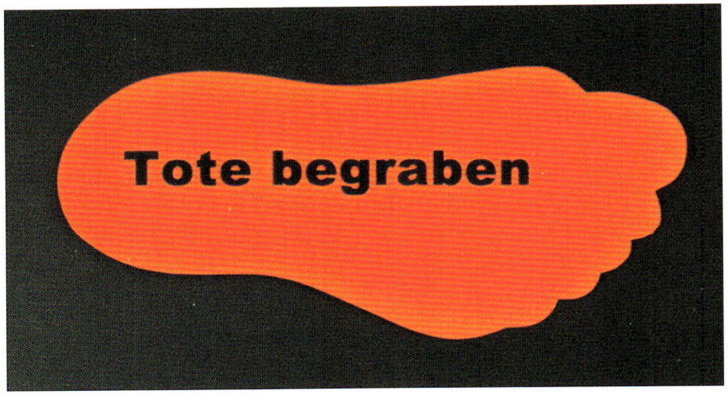

Anständig? Angemessen?

So, ihr Spurenleser!« Mit der Gitarre unter dem Arm kommt Jens Maybaum in die Klasse und eröffnet die letzte Unterrichtsstunde zu den Werken der Barmherzigkeit. »Auf unserer siebten Spur steht: ›Tote begraben‹. Könnt ihr euch vorstellen, dass es bis zur Zeitenwende keineswegs Usus war, den Leib eines Toten angemessen zu bestatten?«

»Kann man sich gar nicht vorstellen, dass das mal so anders war.« Lars schüttelt mit dem Kopf. »Wo das doch heute eigentlich selbstverständlich ist, die Toten anständig unter die Erde zu bringen.« – »Anständig? Angemessen?« Luisa ist nicht ganz einverstanden. »Ich habe letztens einen Film über einen Sarg-Discounter gesehen. Also: Beerdigung aus dem Supermarkt. Da war nicht mehr viel von Ehre und Würde.«

»Du hast vollkommen Recht, Luisa«, bestätigt Maybaum. »Der Umgang mit dem Tod ist nach wie vor ein heikles Thema. Viele Menschen tun sich schwer damit. Das gilt übrigens in vielerlei Hinsicht. Wahrscheinlich gibt es darum auch noch zwei weitere Werke der Barmherzigkeit, die zwar offiziell keine Aufnahme in die Reihe der sieben Hilfsgebote gefunden haben – aber gerade in unserer Zeit umso wichtiger sind. Habt ihr bei eurer Internet-Recherche gelesen, welche das sind?« – »Sterbende begleiten.« – »Und Trauernde trösten.«

»Vollkommen richtig. Was meint ihr, warum haben sich im Laufe der Kirchengeschichte diese beiden zusätzlichen Gebote entwickelt?«, fragt Maybaum nach. »Weil Menschen nicht wissen, wie sie mit den Sterbenden oder später den Hinterbliebenen umgehen sollen und sich darum oft vor einer Begegnung mit ihnen drücken«, sagt Jonathan. »Ja«, bestätigt Maik, »aus Angst, etwas Falsches zu tun oder zu sagen, macht man lieber einen Bogen um sie. Man will ihnen nicht noch zusätzlich weh tun.« – »Der Tod ist halt keinem richtig geheuer. Wir wissen ja nicht, was uns erwartet. Das macht die Menschen eben sprachlos«, überlegt Jenny.

»Ich stimme euch zu. Trotzdem sollten wir versuchen, eine Sprache für den Tod zu finden. Unseren Ängsten und Hoffnungen einen Namen zu geben. Und auch unsere Fragen zu benennen.« Der junge Lehrer greift sich seine Gitarre. »Ich habe das einmal versucht, als der Mann einer guten Freundin verunglückt ist. Damals habe ich meine Gedanken aufgeschrieben und ein Lied daraus gemacht. Ich denke, es hat mir und ihr ein bisschen geholfen:

Mein lieber Freund, dir diese Zeilen.
Ich weiß, du hast soviel verlor'n.
Soweit es geht, Freund, möcht ich teilen
mit dir die Ohnmacht und den Zorn.
Da stirbt für dich mit deinem Lieben
der größte Teil von deiner Welt.
Du fragst: Was ist mir noch geblieben?
Was, das mich noch am Leben hält?

Nach Kondolenz und Streuselkuchen
kehrt nach und nach die Ruhe ein.
Du gehst umher, als wollst du suchen
den Lieben. Doch er kommt nicht heim.
Ich möcht mich gern mit dir verbinden.
So gut es geht: Ich denk an dich.
Hab Angst: Was wirst du nur empfinden?
Denn du bist du und ich bin ich.

Du trägst in dir so viele Fragen,
so viel, was drückt und dich bedrängt.
Und ich weiß nicht: Was soll ich sagen,
was, das dich tröstet und nicht kränkt?
Ein ganzes Buch mit frommen Sätzen
trag' ich in mir, doch mancher wird
wohl statt zu trösten eher verletzen.
Drum schweig ich hilflos und verwirrt.

Du sagst mir, dass in weite Ferne
der liebe Gott ist g'rückt für dich.
Ich möcht dir sagen, ach wie gerne:
Es kommt ein neues Land in Sicht.
In deiner Trauer, deinem Leid,
umspült von schweren Wogen.
Als kleine Brücke durch die Zeit
mal ich dir einen Regenbogen.

Als Maybaum den letzten Akkord gespielt hat, ist es still in der Klasse. Alle spüren: An dieser Stelle ist kein Klatschen oder Johlen angebracht, das Lied spricht für sich.
»Ich habe meiner Bekannten damals übrigens wirklich einen Regenbogen gemalt«, erzählt Maybaum dann. »Er hängt noch heute in ihrer Wohnung, und manchmal war er uns beiden eine Hilfe, über den Tod zu sprechen. So möchte ich euch einladen, dass ihr einmal nach Bildern sucht, die uns unsere Sprachlosigkeit nehmen können. Eine Brücke, ein Schiff, einen Tunnel ins Licht – nutzt die Sprache der Bilder!«

Anregungen

> In der Familie

Inzwischen gibt es einige Kinderbücher, die den Themenkreis »Abschied/Sterben/Tod« einfühlsam beschreiben. Mit kleineren Kindern lässt sich ein solches Bilderbuch betrachten – auch, um über die Gefühle der Kinder zu sprechen.
Ferner lohnt eine Entdeckungsreise auf dem Friedhof: Welche Symbole erzählen von Tod und Hoffnung?

> Im Familienkreis

Gesprächsmöglichkeit: Warum fällt es so schwer, über den Tod zu sprechen? Welche Bilder/Bibeltexte/Kurzgeschichten sind hilfreich?

> Im Familiengottesdienst

Ein »Moderator« führt in eine kleine Umfrage ein: »Hier sind viele Menschen unterwegs. Wollen wir doch mal hören, was sie zum Thema Tod zu sagen haben.« Alle, die jetzt (auf Absprache) durch den Chorraum kommen, bleiben stumm und gehen nach einem Moment weiter. Der Moderator: »Noch immer fehlen vielen die richtigen Worte, um über den Tod zu sprechen, um Sterbende zu begleiten und Trauernde zu trösten.« Darauf werden zu leiser Musikuntermalung Dias gezeigt (und kommentiert), die bildhaft vom Tod sprechen.

Meine kleine Galerie

Sein und Werden

Das letzte Bild in »meiner kleinen Galerie«, das ich vorstellen möchte, habe ich nicht selbst gemalt oder gestaltet – jemand anderes hat sich als Künstler betätigt. Dennoch möchte ich die Entstehungsgeschichte erzählen:

Bei meinem letzten Aufenthalt auf Teneriffa habe ich in Puerto de la Cruz gewohnt, einem Ferienort im Norden der Insel. Die kleine katholische Kirche liegt dort genau an der Strand- oder besser: Uferpromenade. Eines Abends kam ich aus dem Gottesdienst und hatte bis zum Abendessen im Hotel noch ein bisschen Zeit. Also bin ich über die Promenade geschlendert und habe den Straßenkünstlern über die Schulter geschaut, die dort neben ihren Ständen saßen – die meisten von ihnen Porträt- oder Karikaturenmaler. Viele hatten, wie ich schnell befand, kein besonderes Talent. Nur einer schien einen anderen, tieferen Blick für Gesichter zu haben – und das Händchen, seine Eindrücke entsprechend zu Papier zu bringen.
Eine ähnliche Auffassung hatten auch die beiden, die neben mir standen und dem Mann zuschauten. Aus den Augenwinkeln erkannte ich ein Pärchen aus dem Hotel – wir hatten uns ein paar Mal zugenickt, als wir uns begegnet waren. Dabei hatte ich jedes Mal gerätselt – war hier ein Mann mit seiner erheblich jüngeren Partnerin unterwegs oder handelte es sich um Vater und Tochter?
»Der malt nicht nur die Oberfläche, der sieht auch in die Herzen, hat sie immer gesagt«, hörte ich die Stimme des neben mir Stehenden. Nun wandte ich mich ihnen zu, wir begrüßten uns, und ich erfuhr, dass der Mann über 30 Jahre lang mit seiner Frau Urlaub auf Teneriffa gemacht hatte. Im vergangenen Sommer war sie gestorben, und jetzt war der Vater noch einmal mit seiner Tochter auf die Kanaren gekommen, um Abschied von seiner langjährigen Urlaubsinsel zu nehmen.

Der Witwer zog ein Foto aus seiner Jackentasche und reichte es mir. »Das war sie. Meine verstorbene Frau.«
Dass er das Foto bei sich trug, war kein Zufall. Er hatte sich überlegt, dass er seine Frau zeichnen lassen wollte – von eben jenem Porträtmaler, dem sie so oft gemeinsam über die Schulter geschaut hatten. Da Vater und Tochter weder Spanisch noch Englisch sprachen und der Künstler des Deutschen nicht mächtig war, half ich gern und vermittelte zwischen den beiden Parteien: Der Maler versprach, das Bild bis zum kommenden Freitag fertig zu haben.
Als ich Vater und Tochter an jenem Freitagmorgen im Hotel traf, lächelte ich den beiden zu. »Na, sind Sie schon neugierig auf das Bild?« Wieder ergab sich ein nettes Gespräch, und die beiden luden mich ein: »Wenn Sie mögen, dann begleiten Sie uns doch heute Abend, wenn wir das Bild abholen.«
Ich willigte gern ein – und sollte eine große Überraschung erleben. Aber nicht nur ich allein: Als wir den Maler erreichten, holte er das Bild aus seiner Skizzenmappe. Doch auf der Zeichnung war nicht nur die verstorbene Frau vom Foto zu sehen – auch ihr Mann lachte mir von dem Papier entgegen. Während der genauso überrascht und ungläubig war wie ich, löste die Tochter das kleine Rätsel auf. »Weißt du, Vati, ich habe einfach gedacht, dass ihr zusammengehört. Und da ich noch ein Foto von dir im Portmonee hatte, bin ich am Tag nach unserer Bestellung noch einmal zu dem Mann gegangen und habe ihn gebeten, euch beide gemeinsam zu malen.« Sie sah ihren Vater an. »Und, gefällt es dir?«, fragte sie ihn schließlich.
In diesem Moment konnte der alte Mann seine Gefühle nicht mehr zurückhalten. Überwältigt von dieser Überraschung und seiner still vorhandenen Trauer fing er an zu weinen. »Es ist schön, ja, wunderschön«, stotterte er, »aber es geht doch nicht. Es zeigt doch nicht die Wirklichkeit.

Denn sie ist tot, und ich lebe. Sie war – und ich bin.« Während die junge Frau in ihrer Tasche nach einem Tempo für den Vater kramte, nahm sie ihn liebevoll in den Arm. »Vati«, sagte sie dann, »jetzt muss ich aber widersprechen. Ihr beide habt mich im christlichen Glauben erzogen, und auch, wenn ich nicht jeden Sonntag zur Kirche gehe, so hat mich dieser Glaube doch stark geprägt. Ja, ich glaube fest daran, dass mit dem irdischen Tod nicht alles zu Ende ist, ganz im Gegenteil. Etwas Neues beginnt.«
Sie streichelte ihrem Vater zärtlich über die ergrauten Haare, dann fuhr sie leise fort: »Ich wünsche mir so sehr, dass du deine Perspektive ändern könntest. So schwer es auch fällt, so weh es auch manchmal tut: Weine nicht nur über die verlorene Vergangenheit. Schau nach vorne. Sieh auf die Menschen, die auch noch da sind. Die dich brauchen, als Vater und Opa und Freund. Und sag nicht: Sie war und ich bin. Denk lieber: Sie ist – und wir werden sein.«

In diesem Augenblick wandte sie sich mir zu: »Oder was meinen Sie? Habe ich nicht Recht?« Ich weiß noch genau, wie ich damals nach den passenden Worten gesucht habe, wie ich der jungen Frau meine Anerkennung und Hochachtung aussprechen wollte: »So wunderbar habe ich lange niemanden mehr über unsere Auferstehungshoffnung sprechen hören. Wenn Sie erlauben, dann würde ich Ihre Geschichte gern zur Grundlage meiner Osterpredigt machen ... «
So habe ich in der Osternacht 2006 von meiner Begegnung auf Teneriffa erzählt. Damals war ich auf der Ostseeinsel Usedom zur Vertretung. Schon am Palmsonntag hatte mich eine ältere Dame unter Tränen angesprochen und um mein besonderes Gebet für ihren todkranken Mann gebeten. Sein Schicksal und die Not der Familie sollten mich durch die Karwoche, bis in die Osternacht hinein, begleiten – überall in dieser Welt erfahren Menschen Leben und Tod.
Anfang Mai bekam ich dann eine Nachricht aus dem Ostseebad Zinnowitz – von dem Sohn des inzwischen Verstorbenen: »Vielen Dank für Ihre Art und Weise, Ostern zu feiern. Unserer Familie hat es besonders zur Beerdigung meines Vaters geholfen, seinen Tod aus eben dieser Osterperspektive zu sehen.« – Zwei Fotos hatte er mitgeschickt, von der Traueranzeige und dem Kranz, den die Familie ihrem Mann und Vater als letzten Gruß auf das Grab gelegt hatte. Auf beide Dokumente hatten sie geschrieben: »Du bist – und wir werden sein.«

Für den Tag und die Woche

Tote begraben, Trauernde trösten – wer wartet auf Ihr Glaubens- und Hoffnungszeugnis, wem können Sie zur Seite stehen?

Die Autoren

Ludger Bornemann (* 1956), Dipl. theol., ist Priester des Bistums Münster und Geistlicher Leiter des Pilgerhauses Tabgha am See Gennesaret in Israel.

Gerd Fasselt (*1942), Prof. Dr., ist als Priester Geschäftsführender Seelsorger an den Universitäts-Kliniken in Münster und Honorarprofessor der Medizinischen Fakultät der Westfälischen Wilhelms-Universität Münster.

Dieter Geerlings (*1947), Dipl. theol., ist residierender Domkapitular in Münster und Vorsitzender des Caritasverbandes für die Diözese Münster.

Johannes Heimbach (*1963), Dipl. Theol., Dipl. Soz.Päd., ist Pastoralreferent und arbeitet als Ausbildungsreferent im Institut für Diakonat und Pastorale Dienste in Münster.

Jan Loffeld (*1975), Dipl. theol., ist Kaplan in Oelde.

Jan Magunski (*1970), Dipl. theol., ist Kaplan und Mitarbeiter bei der Wochenzeitung im Bistum Münster »Kirche+Leben«. Zusammen mit Gemeindemitgliedern der Domgemeinde St. Viktor in Xanten hat er die Hinweise für die Arbeit mit Kindern und Erwachsenen beigesteuert.

Markus Nolte (*1966), Dipl. theol., ist Verantwortlicher Redakteur bei der Wochenzeitung im Bistum Münster »Kirche+Leben« und Programmleiter Buch im Dialogverlag Münster.

Heinrich Timmerevers (*1952), Dipl. theol., ist Weihbischof im Bistum Münster und Bischöflicher Offizial für den oldenburgischen Teil des Bistums Münster.

Kurt Weigel (*1950), Dipl. theol., ist Pfarrer der nördlichsten Gemeinde des Bistums Münster, St. Willehad auf der Nordseeinsel Wangerooge.

Ulrich Zurkuhlen (*1939), Dipl. theol., ist Pfarrer der Dyckburg-Gemeinde in Münster und Theologischer Berater der Wochenzeitung im Bistum Münster »Kirche+Leben«.

Fotonachweise

Michael Bönte (71, 72); Jan Magunski (21, 33, 45, 57, 69, 81); Markus Nolte (9, 15, 27, 39, 47, 48, 51, 59, 60, 63, 75, 57); Photocase (Titel, 11, 12, 23, 24, 34, 35, 82, 83), privat (93), Franz Josef Scheeben (76)

In dieser Reihe bereits erschienen:

Die Sieben letzten Worte Jesu am Kreuz

Spirituelle Anstöße
Bibeltheologische Hintergründe

Markus Nolte (Hrsg.): »Zum letzten Mal sage ich euch. Die sieben Worte Jesu am Kreuz – betrachtet, erklärt, gelebt.« 96 Seiten, zahlreiche Farbfotografien, broschiert, 12,80 €, dialogverlag Münster 2006, ISBN 978-3-937961-29-3

Die »Sieben letzten Worte Jesu am Kreuz« stehen im Mittelpunkt dieses Buches, das dabei helfen will, selbst – oder besser: gerade in diesen Leidensworten die »Menschenfreundlichkeit Gottes« zu erkennen, darüber nachzudenken, welche Lebensbotschaft Gottes sich im Sterben Jesu mitteilt. Dazu bietet sich seit alters her die knapp sieben Wochen dauernde Fastenzeit an, an deren Ende die liturgischen Feiern des Leidens, Sterbens und der Auferstehung Jesu stehen. Dieses Buch möchte begleiten, Gedankenanstöße geben, die bilischen und theologischen Hintergründe erhellen und dazu anregen, mit Kindern und mit Erwachsenen die österliche Bußzeit bewusst zu leben.

Die Autoren
Prof. Dr. Erich Zenger, Alttestamentler
Prof. Dr. Thomas Söding, Neutestamentler
Prof. Dr. Franz-Peter Tebartz-van Elst, Weihbischof
Stefan Sühling, Leiter Seelsorgeamt Münster
Dr. Margret Nemann, Theologin und Supervisorin
Michael Höffner, Spiritual
Markus Nolte, Theologe und Journalist
Ulrich Zurkuhlen, Pfarrer
Jan Magunski, Kaplan
Michael Bönte, Fotograf und Journalist

»Exercitium«

Sinnenfreudiger Begleiter durch die Fastenzeit

Marian Reke OSB
Markus Nolte
»Exercitium – 40 Tage auf Ostern zu«
176 Seiten, farbig, hochwertige Grafiken, gebunden, Lesebändchen, beigefügte CD (Spielzeit 70 min.)
dialogverlag Münster 2005

»Exercitium« – das sind Exerzitien für jeden Tag von Aschermittwoch bis Ostersonntag. Benediktinerpater Marian Reke, Prior der Abtei Königsmünster, und der Theologe und Journalist Markus Nolte, Redakteur bei »Kirche+Leben«, der Wochenzeitung im Bistum Münster, laden ein zu einer sinnenfreudigen Fastenzeit: mit meditativen Atemübungen, hochwertigen Grafiken der Künstlerin Resi Borgmeier, einfühlsamen Gedankenimpulsen, eindringlichen Erzählungen, schmackhaften Rezepten für ein Fastenmahl und exklusiven Orgelimprovisationen von Pater Laurentius Schlieker OSB auf einer beigelegten CD.

ISBN 978-3-937961-00-2

www.dialogversand.de